Zelfgemaakt ijs- en dessertboek

100 RECEPTEN MET IJS, SORBET, VLA, TOPPINGS EN ANDERE

Lois Molenaar

Alle rechten voorbehouden.

Vrijwaring

De informatie in dit eBook is bedoeld als een uitgebreide verzameling strategieën waar de auteur van dit eBook onderzoek naar heeft gedaan. Samenvattingen, strategieën, tips en trucs zijn slechts aanbevelingen van de auteur, en het lezen van dit eBook garandeert niet dat de resultaten exact de resultaten van de auteur zullen weerspiegelen. De auteur van het eBook heeft alle redelijke inspanningen geleverd om actuele en nauwkeurige informatie aan de lezers van het eBook te verstrekken. De auteur en zijn medewerkers kunnen niet aansprakelijk worden gesteld voor eventuele onopzettelijke fouten of weglatingen. Het materiaal in het eBook kan informatie van derden bevatten. Materiaal van derden bestaat uit de meningen van de eigenaren ervan. Als zodanig aanvaardt de auteur van het eBook geen verantwoordelijkheid of aansprakelijkheid voor materiaal of meningen van derden. Of het nu komt door de vooruitgang van het internet, of door de onvoorziene veranderingen in het bedrijfsbeleid en de redactionele indieningsrichtlijnen, wat op het moment van dit schrijven als feit wordt vermeld, kan later verouderd of niet van toepassing zijn.

Op het eBook rust copyright © 2024, alle rechten voorbehouden. Het is illegaal om dit eBook geheel of gedeeltelijk te herdistribueren, kopiëren of er afgeleid werk van te maken. Geen enkel deel van dit rapport mag worden gereproduceerd of opnieuw verzonden in welke vorm dan ook zonder de uitdrukkelijke en ondertekende schriftelijke toestemming van de auteur.

INHOUDSOPGAVE

ZELFGEMAAKT IJS- EN DESSERTBOEK..................1

INHOUDSOPGAVE..................5

INVOERING..................9

IJSJE..................11

    1. Zoet roomijs..................12

    2. Absint & Meringue-ijs..................16

    3. Zwarte Woud-cake-ijs..................20

    4. Kaas- en guavejam-ijs..................24

    5. Roomkoekjes met perzikjam..................28

    6. Komijn & Honing Butterscotch..................32

    7. Jeneverbes & Lemon Curd-ijs..................36

    8. Chocolade- en whisky-ijs..................40

    9. Kokos-Cajeta-ijs..................44

    10. Root Beer-ijs..................48

    11. Magnolia Mochi-ijs..................52

    12. Graham Cracker-ijs..................56

    13. Kaas Graham Cracker-ijs..................60

    14. Honingkarnemelkijs..................64

    15. Pompernikkel-ijs..................68

    16. Kolibriecake-ijs..................72

    17. Mango Manchego-ijs..................77

    18. Maneschijn en maïssiroopvla..................81

    19. Kersenijsje uit het Witte Huis..................85

    20. Yazoo Sue-ijs..................89

    21. Karnemelk Soft-Serve..................93

VLA..................97

    22. Zoute Vanille Bevroren Vla..................98

23. Franse Toast Bevroren Vla 102
24. Advocaat bevroren vla 107
25. Oranjebloesembisquevla 111
26. Karamel Crème zonder Lait 116

BEVROREN YOGHURT **121**

27. Verse gember bevroren yoghurt 122
28. Verse perzik bevroren yoghurt 127
29. IJslandse cake Frozen Yogurt 132

SORBET **136**

30. Bellini-sorbet 137
31. Grapefruitsorbet 140
32. Pruimensakésorbet 143
33. Rode Frambozensorbet 146
34. Steenfruitsorbet 149
35. Tarwegras & Vinho Verde-sorbet 152

GEBAKKEN IJSDESSERTS **155**

36. Chocoladetaart 156
37. Dame taart 160
38. Meringuetaart 164
39. Mochi-taart 169
40. Grond Grits-puddingcake 172
41. Bladtaart 176
42. Franse ijstaartjes 181
43. Suikerdeeg 184
44. Piekies 187
45. Appel Rabarber Bette 190
46. Bosbessen schoenmaker 193
47. Peren- en bramenkrokant 196
48. Bauerhuiskoekjes 200
49. Zoete Room Shortcakes 205
50. Chocoladetruffelkoekjes 208

51. Havermoutroomsandwiches 213
52. Slagroomsoesjes & Eclairs Ringcake 218
53. Kataifi-nesten 222
54. Gietijzeren pannenkoek 225
55. Peoria maïsbeignets 228
56. Wafels op de Noordmarkt 232
57. Zoete Empanadas 236
58. IJsbroodpudding 240
59. Bananen bevorderen 242
60. Gepocheerd fruit 245
61. J-Bars 248

COCKTAILS **252**

62. Zwaard in de steen 253
63. Rouge je knieën 255
64. dame van het Meer 257

TOPPINGEN **259**

65. Suikerkegels 260
66. Ananas-habanero-marmelade 264
67. Compote van kersen-hibiscus 267
68. Karamelsaus van passievruchten 269
69. Karamel van geitenmelk 272
70. Gekonfijte pompoenpitten 274
71. Vanille en tequila slagroom 277
72. Piloncillo gekarameliseerde pecannoten 280
73. Pittige mango's 283
74. Amandelcrumble topping 287

SUNDADES **290**

75. Knickerbocker glorie 291
76. Perzik melba 294
77. Cappuccino frappé 297
78. Bevroren lassi 300

79. Ijsvlotter..302
80. Watermeloen & aardbei slush................................304
81. Smoothie van ijskoude abrikozen en granaatappel..306
82. Chocolade-nootijscoupe..308
83. In chocolade gedoopte gelato-pops........................310

IJSTRANSTEN VOOR KINDEREN.................................313

84. Bevroren chocoladebananen..................................314
85. Broodje ijskoekjes...317
86. IJzige fruitdippers...319
87. Kleverige toffee-traktaties......................................322
88. Fruitige ijsblokjes...324
89. Bevroren fruitpoppen...326
90. IJscupcakes...328
91. Knapperige yoghurtvormen....................................331

VERSE & FRUITIGE TRAKTATIES..................................334

92. Romanoff van bramen en peren met ijs..................335
93. Swirlijs van perzik en passievrucht..........................337
94. Gekoelde abrikozensoufflés....................................340
95. Parfait van appel en pruim.....................................344
96. Bananenvla-ijs..347
97. Tropische fruitsorbet..350
98. Een genot voor ijskoude rabarber...........................353
99. Vers gemberijs..356
100. Vers perzikijs...359

CONCLUSIE...362

INVOERING

IJsdesserts hebben persoonlijkheid in overvloed. Gezoete room die langzaam uit een bevroren schep druppelt, verandert een cake of saus zodra deze ermee in aanraking komt. Botervetrijke crème absorbeert geur en smaak en brengt deze naar uw neus. Alles wat met ijs in aanraking komt, wordt rijker, smaakvoller en dieper waargenomen. Bovendien moedigt ijs je aan om in het moment te zijn. Het smelt en verandert elke seconde. Je moet er aandacht aan besteden, anders verdwijnt het.

Op deze pagina's vindt u een aantal solide recepten die u keer op keer zult gebruiken en kunt aanpassen aan het seizoen, het menu of uw grillen. Elk dessert is fenomenaal qua smaak en textuur, en elk recept is speciaal ontworpen voor de thuiskeuken. Hoewel ik niet zal beweren dat elk recept in dit boek snel en gemakkelijk is (ook al zijn veel recepten dat wel), wil ik wel zeggen dat ze zo gestroomlijnd zijn als we maar kunnen maken, en dat de resultaten werkelijk de moeite waard zijn. Je kunt ze zowel chique als casual aankleden, afhankelijk van hoe je ze op tafel zet of welk ijsje je erbij serveert.

IJSJE

1. Zoet roomijs

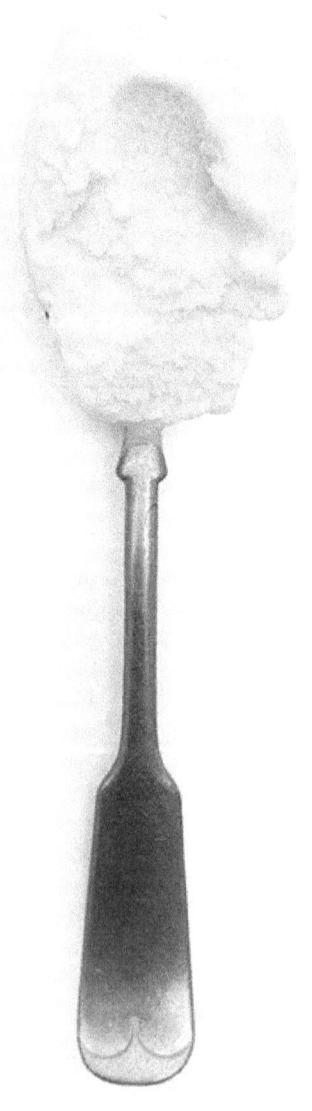

Maakt ongeveer 1 kwart

Ingrediënten:

- 2⅔ kopjes volle melk
- 1 eetlepel plus 2 theelepels maizena
- 2 ons (4 eetlepels) roomkaas, verzacht
- ⅛ theelepel fijn zeezout
- 1½ kopjes zware room
- ¾ kopje suiker
- ¼ kopje lichte glucosestroop

Routebeschrijving:

a) Meng ongeveer 2 eetlepels melk met het maizena in een kleine kom tot een gladde pap.

b) Klop de roomkaas en het zout in een middelgrote kom tot een gladde massa.

c) Vul een grote kom met ijs en water.

d) Koken Combineer de resterende melk, de room, suiker en glucosestroop in een pan van 4 liter, breng aan de kook op middelhoog vuur en kook gedurende 4 minuten. Haal van het vuur en klop geleidelijk de maïzena-brij erdoor. Breng het mengsel op middelhoog vuur weer aan de kook en kook, al roerend met een hittebestendige spatel, tot het iets dikker is, ongeveer 1 minuut. Haal van het vuur.

e) Chill. Klop het hete melkmengsel geleidelijk door de roomkaas tot een gladde massa. Giet het mengsel in een Ziplock - diepvrieszak van 1 gallon en dompel de afgesloten zak onder in het ijsbad. Laat staan, voeg indien nodig meer ijs toe, tot het koud is, ongeveer 30 minuten.

f) Invriezen Haal het bevroren bakje uit de vriezer, zet uw ijsmachine in elkaar en zet hem aan. Giet de ijsbasis in het busje en draai tot het dik en romig is.

g) Verpak het ijs in een bewaardoos. Druk een vel perkament direct tegen het oppervlak en sluit het af met een luchtdicht deksel. Bevries in het koudste deel van uw vriezer tot het stevig is, minimaal 4 uur.

h) Om variaties toe te voegen: Om jam of sauzen aan ijs toe te voegen, begint u met het druppelen van een lepel op de bodem van de bewaarcontainer en het uitsmeren van een laag ijs erover. Voeg nog een paar lepels toe in de hoekjes van het ijs en voeg dan nog een ijslaag toe.

i) Ga door met het aanbrengen van laagjes saus en ijs tot al het ijs op is. De saus mag niet de hele laag bedekken.

2. Absint & Meringue-ijs

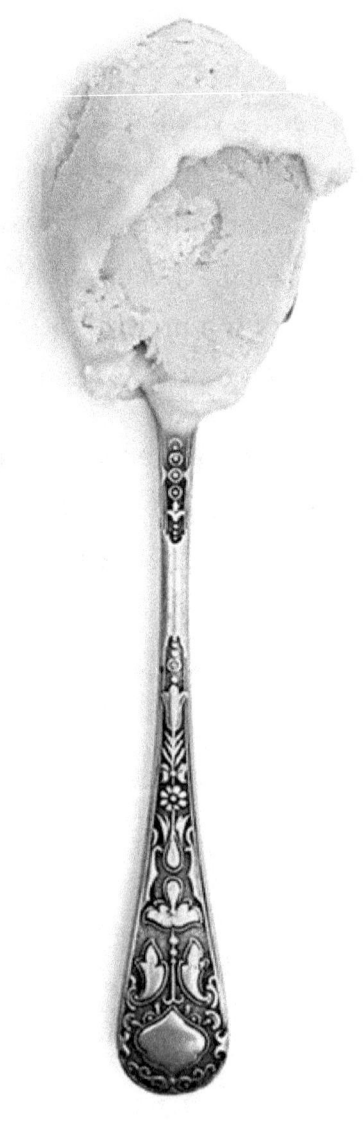

Maakt ongeveer 1 kwart

Ingrediënten:

- 2⅔ kopjes volle melk
- 1 eetlepel plus 2 theelepels maizena
- 2 ons (4 eetlepels) roomkaas, verzacht
- ½ theelepel matchapoeder
- ⅛ theelepel fijn zeezout
- 1½ kopjes zware room
- ¾ kopje suiker
- ¼ kopje lichte glucosestroop
- 1¼ kopje absint, Pernod of pastis
- ½ theelepel anijsextract
- 1 kopje verkruimelde (ongeveer ¼ inch brokkelt) meringue van Meringue Cake (ongeveer 1 meringue) of in de winkel gekocht

Routebeschrijving:

a) Meng ongeveer 2 eetlepels melk met het maizena in een kleine kom tot een gladde pap.

b) Klop de roomkaas, matcha en zout in een middelgrote kom tot een gladde massa.

c) Vul een grote kom met ijs en water.

d) Koken Combineer de resterende melk, de room, suiker en glucosestroop in een pan van 4 liter, breng aan de kook op middelhoog vuur en kook gedurende 4 minuten. Haal van het vuur en klop geleidelijk de maïzena-brij erdoor. Breng het mengsel op middelhoog vuur weer aan de kook en kook, al roerend met een hittebestendige spatel, tot het iets dikker is, ongeveer 1 minuut. Haal van het vuur.

e) Chill. Klop het hete melkmengsel geleidelijk door de roomkaas tot een gladde massa. Giet het mengsel in een Ziplock - diepvrieszak van 1 gallon en dompel de afgesloten zak onder in het ijsbad. Laat staan, voeg indien nodig meer ijs toe, tot het koud is, ongeveer 30 minuten.

f) Invriezen Haal het bevroren bakje uit de vriezer, zet uw ijsmachine in elkaar en zet hem aan. Giet de ijsbasis in het busje en draai tot het dik en romig is.

g) Verpak het ijs in een bewaardoos. Roer het absint- en anijsextract erdoor en meng de stukjes meringue er gaandeweg door. Druk een vel perkament direct tegen het oppervlak en sluit het af met een luchtdicht deksel. Vries in het koudste deel van uw vriezer tot

3. Zwarte Woud-cake-ijs

Maakt ongeveer 1 kwart

Ingrediënten:

- ⅔ kopje ½ inch brokkelt af
- ¼ kopje vloeibare chocoladesaus, gekoeld
- ½ kopje Amarena-kersen
- 1¼ kopjes zware room
- 2 eetlepels maizena
- 3 ons (6 eetlepels) roomkaas, verzacht
- ¼ theelepel fijn zeezout
- ⅔ kopje suiker
- 2 eetlepels lichte glucosestroop
- 2 kopjes karnemelk, volle melk of 2% melk

Routebeschrijving:

a) Doe de cakekruimels in een kleine kom, voeg de chocoladesaus toe en roer lichtjes om, voeg dan de Amarena-kersen toe en roer om gelijkmatig te verdelen.

Vries in terwijl je het ijs maakt. (Het cakemengsel kan maximaal 1 maand worden ingevroren.)

b) Meng ongeveer ¼ kopje room met het maizena in een kleine kom tot een gladde pap.

c) Klop de roomkaas en het zout in een middelgrote kom tot een gladde massa.

d) Vul een grote kom met ijs en water.

e) Koken Combineer de resterende room, de suiker en de glucosestroop in een pan van 4 liter, breng aan de kook op middelhoog vuur en kook gedurende 4 minuten. Haal van het vuur en klop geleidelijk de maïzena-brij erdoor. Breng het mengsel op middelhoog vuur weer aan de kook en kook, al roerend met een hittebestendige spatel, tot het iets dikker is, ongeveer 20 seconden. Haal van het vuur.

f) Afkoelen Klop het hete melkmengsel geleidelijk door de roomkaas tot een gladde massa en roer vervolgens de karnemelk erdoor. Giet het mengsel in een ritssluitingszak van 1 gallon en dompel de afgesloten zak onder in het ijsbad. Laat staan, voeg indien nodig meer ijs toe, tot het koud is, ongeveer 30 minuten.

g) Invriezen Haal het bevroren bakje uit de vriezer, zet uw ijsmachine in elkaar en zet hem aan. Giet de ijsbasis in het busje en draai tot het dik en romig is.

h) Verpak het ijs in een bewaardoos, afwisselend het ijs en kleine lepels cakemengsel. Druk een vel perkament direct tegen het oppervlak en sluit het af met een luchtdicht deksel. Bevries in het koudste deel van uw vriezer tot het stevig is, minimaal 4 uur.

4. Kaas- en guavejam-ijs

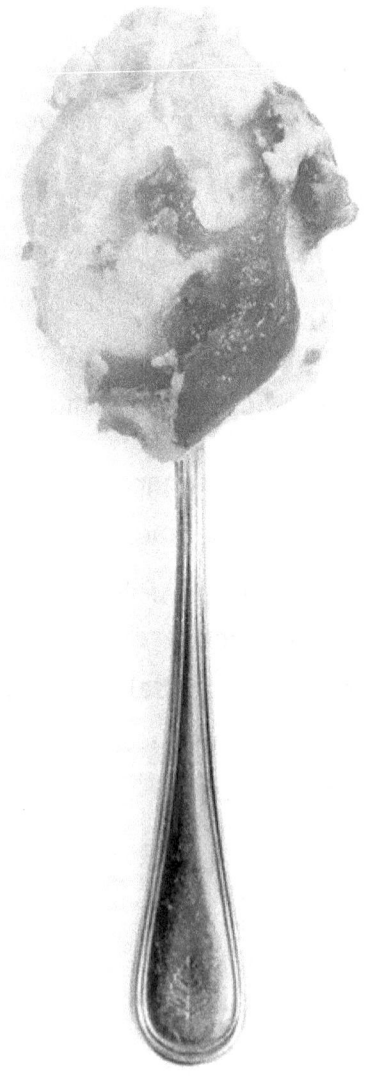

Maakt ongeveer 1 kwart

Ingrediënten:

- 2⅔ kopjes volle melk
- 1 eetlepel plus 2 theelepels maizena
- 6 ons (¾ kopje) roomkaas, verzacht
- ⅛ theelepel fijn zeezout
- 1½ kopjes zware room
- ¾ kopje suiker
- ¼ kopje lichte glucosestroop
- ½ kopje guavejam

Routebeschrijving:

a) Meng ongeveer 2 eetlepels melk met het maizena in een kleine kom tot een gladde pap.

b) Klop de kaas en het zout in een middelgrote kom tot een gladde massa.

c) Vul een grote kom met ijs en water.

d) Koken Combineer de resterende melk, de room, suiker en glucosestroop in een pan

van 4 liter, breng aan de kook op middelhoog vuur en kook gedurende 4 minuten. Haal van het vuur en klop geleidelijk de maïzena-brij erdoor. Breng het mengsel op middelhoog vuur weer aan de kook en kook, al roerend met een hittebestendige spatel, tot het iets dikker is, ongeveer 1 minuut. Haal van het vuur.

e) Chill. Klop het hete melkmengsel geleidelijk door de kaas tot een gladde massa. Giet het mengsel in een Ziplock - diepvrieszak van 1 gallon en dompel de afgesloten zak onder in het ijsbad. Laat staan, voeg indien nodig meer ijs toe, tot het koud is, ongeveer 30 minuten.

f) Invriezen Haal het bevroren bakje uit de vriezer, zet uw ijsmachine in elkaar en zet hem aan. Giet de ijsbasis in het bevroren bakje en draai tot het dik en romig is.

g) Verpak het ijs in een bewaardoos en doe er gaandeweg laagjes jam in. Druk een vel perkament direct tegen het oppervlak en sluit het af met een luchtdicht deksel. Bevries in het koudste deel van uw vriezer tot het stevig is, minimaal 4 uur.

5. Roomkoekjes met perzikjam

Maakt ongeveer 1 kwart

Ingrediënten:

- 1¼ kopjes zware room
- 2 eetlepels maizena
- 3 ons (6 eetlepels) roomkaas, verzacht
- ¼ theelepel fijn zeezout
- ⅔ kopje suiker
- 2 eetlepels lichte glucosestroop
- 2 kopjes karnemelk, volle melk of 2% melk
- ½ kopje verkruimelde Sweet Cream Shortcakes , bevroren of in de winkel gekochte koekjes
- ¼ kopje perzikjam , gekoeld

Routebeschrijving:

a) Meng ongeveer ¼ kopje room met het maizena in een kleine kom tot een gladde pap.

b) Klop de roomkaas en het zout in een middelgrote kom tot een gladde massa.

c) Vul een grote kom met ijs en water.

d) Koken Combineer de resterende room, de suiker en de glucosestroop in een pan van 4 liter, breng aan de kook op middelhoog vuur en kook gedurende 4 minuten. Haal van het vuur en klop geleidelijk de maïzena-brij erdoor. Breng het mengsel op middelhoog vuur weer aan de kook en kook, al roerend met een hittebestendige spatel, tot het iets dikker is, ongeveer 20 seconden. Haal van het vuur.

e) Chill. Klop het hete melkmengsel geleidelijk door de roomkaas tot een gladde massa. Roer de karnemelk erdoor.

f) ritssluitingszak van 1 gallon en dompel de afgesloten zak onder in het ijsbad. Laat staan, voeg indien nodig meer ijs toe, tot het koud is, ongeveer 30 minuten.

g) Invriezen Haal het bevroren bakje uit de vriezer, zet uw ijsmachine in elkaar en zet hem aan. Giet de ijsbasis in het bevroren bakje en draai tot het dik en romig is.

h) Verpak het ijs in een bewaardoos en meng er gaandeweg de verkruimelde koekjes en jam door.

i) Druk een vel perkament direct tegen het oppervlak en sluit het af met een luchtdicht deksel. Bevries in het koudste deel van uw vriezer tot het stevig is, minimaal 4 uur.

6. Komijn & Honing Butterscotch

Maakt ongeveer 1 kwart

Ingrediënten:

- 2⅔ kopjes volle melk
- 1 eetlepel plus 2 theelepels maizena
- 2 ons (4 eetlepels) roomkaas, verzacht
- ¼ theelepel fijn zeezout
- 1 theelepel kurkuma (voor kleur; optioneel)
- ¼ theelepel gemalen komijn
- ½ kopje honing
- 1½ kopjes zware room
- ½ kopje suiker
- 4 druppels natuurlijk boteraroma

Routebeschrijving:

a) Meng ongeveer 2 eetlepels melk met het maizena in een kleine kom tot een gladde pap.

b) Klop de roomkaas, het zout, de kurkuma (indien gebruikt) en de komijn in een middelgrote kom tot een gladde massa.

c) Vul een grote kom met ijs en water.

d) Koken Verhit de honing in een pan van 4 liter op middelhoog vuur tot hij begint te koken en net begint te roken. Haal de pan van het vuur en roer er ongeveer $\frac{1}{4}$ kopje room door. Voeg langzaam de rest van de room toe, roer tot deze is opgenomen.

e) Voeg de resterende melk en de suiker toe aan de pan, breng aan de kook op middelhoog vuur en kook gedurende 4 minuten. Haal van het vuur en klop geleidelijk de maïzena-brij erdoor.

f) Breng het mengsel op middelhoog vuur weer aan de kook en kook, al roerend met een hittebestendige spatel, tot het iets dikker is, ongeveer 1 minuut. Haal van het vuur.

g) Chill. Klop het hete melkmengsel geleidelijk door de roomkaas tot een gladde massa. Giet het mengsel in een Ziplock - diepvrieszak van 1 gallon en dompel de afgesloten zak onder in het ijsbad. Laat staan, voeg indien nodig meer ijs toe, tot het koud is, ongeveer 30 minuten. Roer de botersmaak erdoor.

h) Invriezen Haal het bevroren bakje uit de vriezer, zet uw ijsmachine in elkaar en zet hem aan. Giet de ijsbasis in het busje en draai tot het dik en romig is.

i) Verpak het ijs in een bewaardoos. Druk een vel perkament direct tegen het oppervlak en sluit het af met een luchtdicht deksel. Bevries in het koudste deel van uw vriezer tot het stevig is, minimaal 4 uur.

7. Jeneverbes & Lemon Curd-ijs

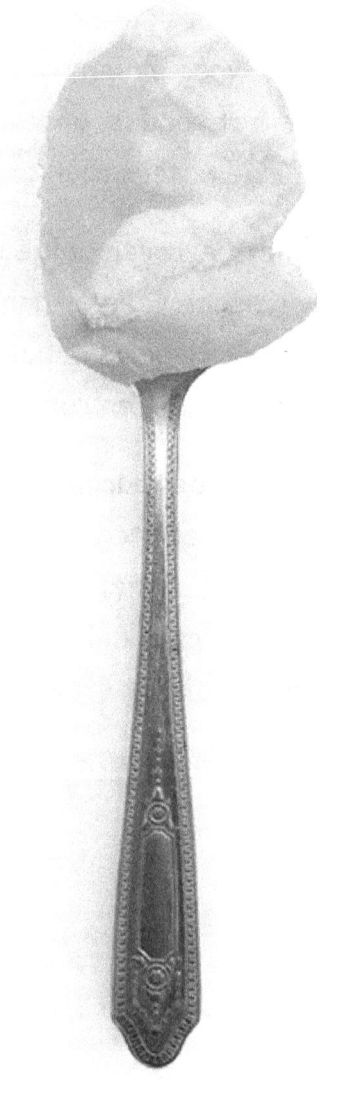

Maakt ongeveer 1 kwart

Ingrediënten:

- 2⅔ kopjes volle melk
- 1 eetlepel plus 2 theelepels maizena
- 2 ons (4 eetlepels) roomkaas, verzacht
- ⅛ theelepel fijn zeezout
- 1½ kopjes zware room
- ¾ kopje suiker
- ¼ kopje lichte glucosestroop
- 1 tot 2 druppels etherische olie van jeneverbessen
- ⅔ kopje Lemon Curd

Routebeschrijving:

a) Meng ongeveer 2 eetlepels melk met het maizena in een kleine kom tot een gladde pap.

b) Klop de roomkaas en het zout in een middelgrote kom tot een gladde massa.

c) Vul een grote kom met ijs en water.

d) Koken Combineer de resterende melk, de room, suiker en glucosestroop in een pan van 4 liter, breng aan de kook op middelhoog vuur en kook gedurende 4 minuten. Haal van het vuur en klop geleidelijk de maïzena-brij erdoor. Breng het mengsel op middelhoog vuur weer aan de kook en kook, al roerend met een hittebestendige spatel, tot het iets dikker is, ongeveer 1 minuut. Haal van het vuur.

e) Chill. Klop het hete melkmengsel geleidelijk door de roomkaas tot een gladde massa. Giet het mengsel in een Ziplock - diepvrieszak van 1 gallon en dompel de afgesloten zak onder in het ijsbad. Laat staan, voeg indien nodig meer ijs toe, tot het koud is, ongeveer 30 minuten.

f) Invriezen Haal het bevroren bakje uit de vriezer, zet uw ijsmachine in elkaar en zet hem aan. Giet de ijsbasis in de bus en voeg de jeneverbessenolie toe. Draai tot het dik en romig is.

g) Verpak het ijs in een bewaardoos en doe er gaandeweg de lemon curd in. Druk een vel perkament direct tegen het oppervlak en sluit het af met een luchtdicht deksel. Bevries in het koudste deel van uw vriezer tot het stevig is, minimaal 4 uur.

8. Chocolade- en whisky-ijs

Maakt ongeveer 1 kwart

Ingrediënten:

Chocoladepasta

- ½ kopje gezette koffie (elke temperatuur)
- ¼ kopje suiker
- ⅔ kopje Nederlands verwerkt cacaopoeder
- 1½ ons ongezoete chocolade, fijngehakt

IJsbasis

- 2⅔ kopjes volle melk
- 1 eetlepel plus 2 theelepels maizena
- 2 ons (4 eetlepels) roomkaas, verzacht
- ⅛ theelepel fijn zeezout
- 1½ kopjes zware room
- ¾ kopje suiker
- 3 eetlepels lichte glucosestroop
- 3 eetlepels karwijzaad, licht gemalen

- ½ kopje roggewhisky

Routebeschrijving:

a) Combineer de koffie, suiker en cacao in een kleine pan, breng aan de kook op middelhoog vuur en kook gedurende 30 seconden, al roerend om de suiker op te lossen. Haal van het vuur en voeg de chocolade toe. Laat het een paar minuten staan en roer dan tot het heel glad is.

b) Meng ongeveer 2 eetlepels melk met het maizena in een kleine kom tot een gladde pap.

c) Klop de roomkaas, de warme chocoladepasta en het zout in een middelgrote kom tot een gladde massa.

d) Vul een grote kom met ijs en water.

e) Koken Combineer de resterende melk, de room, suiker en glucosestroop in een pan van 4 liter en breng op middelhoog vuur aan de kook. Roer het karwijzaad erdoor en kook gedurende 4 minuten. Haal van het vuur en klop geleidelijk de maïzena-brij erdoor. Breng het mengsel op middelhoog vuur weer aan de kook en kook, al roerend met een hittebestendige spatel, tot het iets dikker is, ongeveer 1 minuut. Haal van het vuur.

f) Chill. Klop het hete melkmengsel geleidelijk door het roomkaasmengsel tot een gladde massa. Roer de whisky erdoor. Giet het mengsel in een Ziplock - diepvrieszak van 1 gallon en dompel de afgesloten zak onder in het ijsbad. Laat staan, voeg indien nodig meer ijs toe, tot het koud is, ongeveer 30 minuten.

g) Invriezen Haal het bevroren bakje uit de vriezer, zet uw ijsmachine in elkaar en zet hem aan. Giet de ijsbasis in het bevroren bakje en draai tot het dik en romig is.

h) Verpak het ijs in een bewaardoos. Druk een vel perkament direct tegen het oppervlak en sluit het af met een luchtdicht deksel. Bevries in het koudste deel van uw vriezer tot het stevig is, minimaal 4 uur.

9. Kokos-Cajeta-ijs

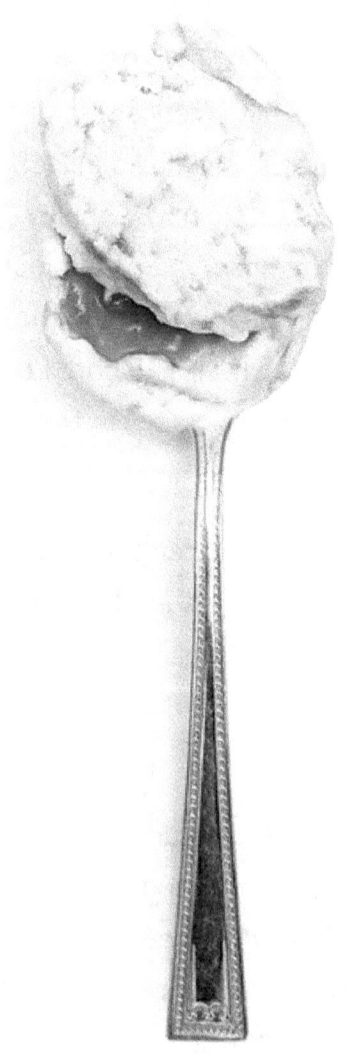

Maakt ongeveer 1 kwart

Ingrediënten:

- ½ kopje ongezoete kokosnootvlokken
- 2⅔ kopjes volle melk
- 1 eetlepel plus 2 theelepels maizena
- 2 ons (4 eetlepels) roomkaas, verzacht
- ⅛ theelepel fijn zeezout
- 1½ kopjes zware room
- ¾ kopje suiker
- ¼ kopje lichte glucosestroop
- 2 tot 3 druppels kokosextract (optioneel)
- ⅓ kopje Cajeta

Routebeschrijving:

a) Verwarm de oven voor op 325 ° F.

b) Verdeel de kokosnoot over een bakplaat. Rooster gedurende 10 minuten, haal dan uit de oven en roer met een hittebestendige spatel, zorg ervoor dat de buitenranden van de kokosnoot naar het binnenste, minder geroosterde gedeelte komen. Spreid uit en rooster nog 5 minuten, en schep dan opnieuw om. Herhaal dit totdat de kokosnoot gelijkmatig goudbruin en zeer geurig is. Haal uit de oven en laat volledig afkoelen.

c) Meng ongeveer 2 eetlepels melk met het maizena in een kleine kom tot een gladde pap.

d) Klop de roomkaas en het zout in een middelgrote kom tot een gladde massa.

e) Vul een grote kom met ijs en water.

f) Koken Combineer de resterende melk, de room, suiker en glucosestroop in een pan van 4 liter, breng aan de kook op middelhoog vuur en kook gedurende 4 minuten. Haal van het vuur en klop geleidelijk de maïzena-brij erdoor. Breng het mengsel op middelhoog vuur weer aan de kook en kook, al roerend met een hittebestendige spatel, tot het iets dikker is, ongeveer 1 minuut. Haal van het vuur.

g) Chill. Klop het hete melkmengsel geleidelijk door de roomkaas tot een gladde massa. Voeg het kokosnootextract toe, indien gebruikt. Giet het mengsel in een Ziplock - diepvrieszak van 1 gallon en dompel de afgesloten zak onder in het ijsbad. Laat staan, voeg indien nodig meer ijs toe, tot het koud is, ongeveer 30 minuten.

h) Invriezen Haal het bevroren bakje uit de vriezer, zet uw ijsmachine in elkaar en zet hem aan. Giet de ijsbasis in het busje en draai tot het dik en romig is.

i) Verpak het ijs in een bewaardoos, meng de geroosterde kokosnoot erdoor en schenk de saus er gaandeweg bij. Druk een vel perkament direct tegen het oppervlak en sluit het af met een luchtdicht deksel. Bevries in het koudste deel van uw vriezer tot het stevig is, minimaal 4 uur.

10. Root Beer-ijs

Maakt ongeveer 1 kwart

Ingrediënten:

- 2⅔ kopjes volle melk
- 1 eetlepel plus 2 theelepels maizena
- 2 ons (4 eetlepels) roomkaas, verzacht
- ⅛ theelepel fijn zeezout
- 1½ kopjes zware room
- ¾ kopje suiker
- ¼ kopje lichte glucosestroop
- 2 eetlepels wortelbierconcentraat

Routebeschrijving:

a) Meng ongeveer 2 eetlepels melk met het maizena in een kleine kom tot een gladde pap.

b) Klop de roomkaas en het zout in een middelgrote kom tot een gladde massa.

c) Vul een grote kom met ijs en water.

d) Koken Combineer de resterende melk, de room, suiker en glucosestroop in een pan

van 4 liter, breng aan de kook op middelhoog vuur en kook gedurende 4 minuten. Haal van het vuur en klop geleidelijk de maïzena-brij erdoor. Breng het mengsel op middelhoog vuur weer aan de kook en kook, al roerend met een hittebestendige spatel, tot het iets dikker is, ongeveer 1 minuut. Haal van het vuur.

e) Chill. Klop het hete melkmengsel geleidelijk door de roomkaas tot een gladde massa. Voeg het wortelbierconcentraat toe. Giet het mengsel in een Ziplock - diepvrieszak van 1 gallon en dompel de afgesloten zak onder in het ijsbad. Laat staan, voeg indien nodig meer ijs toe, tot het koud is, ongeveer 30 minuten.

f) Invriezen Haal het bevroren bakje uit de vriezer, zet uw ijsmachine in elkaar en zet hem aan. Giet de ijsbasis in het bevroren bakje en draai tot het dik en romig is.

g) Verpak het ijs in een bewaardoos. Druk een vel perkament direct tegen het oppervlak en sluit het af met een luchtdicht deksel. Bevries in het koudste deel van uw vriezer tot het stevig is, minimaal 4 uur.

11. Magnolia Mochi-ijs

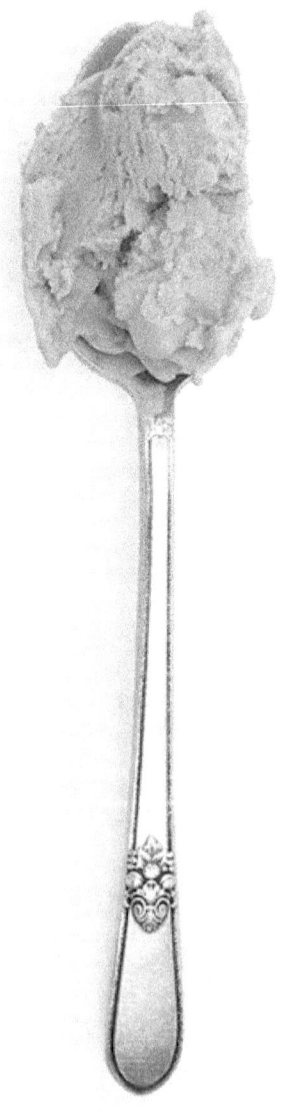

Maakt ongeveer 1 kwart

Ingrediënten:

- 2⅔ kopjes volle melk
- 1 eetlepel plus 2 theelepels maizena
- 2 ons (4 eetlepels) roomkaas, verzacht
- 1 eetlepel rode bietenpoeder (voor kleur; zie bronnen ; optioneel)
- ¼ theelepel kurkuma (voor kleur; optioneel)
- ⅛ theelepel fijn zeezout
- 1½ kopjes zware room
- ¾ kopje suiker
- ¼ kopje lichte glucosestroop
- 1 tot 2 druppels essentiële olie van magnolia
- ½ kopje ⅛-inch blokjes Mochi Cake , bevroren

Routebeschrijving:

a) Meng ongeveer 2 eetlepels melk met het maizena in een kleine kom tot een gladde pap.

b) Klop de roomkaas, bietenpoeder en kurkuma (indien gebruikt) en zout in een middelgrote kom tot een gladde massa.

c) Vul een grote kom met ijs en water.

d) Koken Combineer de resterende melk, de room, suiker en glucosestroop in een pan van 4 liter, breng aan de kook op middelhoog vuur en kook gedurende 4 minuten. Haal van het vuur en klop geleidelijk de maïzena-brij erdoor. Breng het mengsel op middelhoog vuur weer aan de kook en kook, al roerend met een hittebestendige spatel, tot het iets dikker is, ongeveer 1 minuut. Haal van het vuur.

e) Chill. Klop het hete melkmengsel geleidelijk door de roomkaas tot een gladde massa. Giet het mengsel in een Ziplock - diepvrieszak van 1 gallon en dompel de afgesloten zak onder in het ijsbad. Laat staan, voeg indien nodig meer ijs toe, tot het koud is, ongeveer 30 minuten.

f) Invriezen Haal het bevroren bakje uit de vriezer, zet uw ijsmachine in elkaar en zet hem aan. Giet de ijsbasis in het busje, voeg de essentiële olie van magnolia toe en draai tot het dik en romig is.

g) Verpak het ijs in een bewaardoos en meng de cakeblokjes er gaandeweg door. Druk een vel perkament direct tegen het oppervlak en sluit het af met een luchtdicht deksel. Bevries in het koudste deel van uw vriezer tot het stevig is, minimaal 4 uur.

12. Graham Cracker-ijs

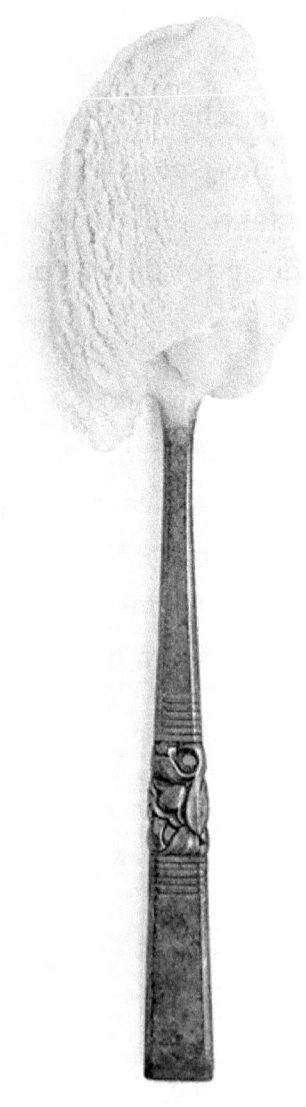

Maakt ongeveer 1 kwart

Ingrediënten:

- 2⅔ kopjes volle melk
- 1 eetlepel plus 2 theelepels maizena
- 2 ons (4 eetlepels) roomkaas, verzacht
- ⅛ theelepel fijn zeezout
- 1½ kopjes zware room
- ¾ kopje suiker
- ¼ kopje lichte glucosestroop
- ½ kopje grof gehakt graham crackers

Routebeschrijving:

a) Meng ongeveer 2 eetlepels melk met het maizena in een kleine kom tot een gladde pap.

b) Klop de roomkaas en het zout in een middelgrote kom tot een gladde massa.

c) Vul een grote kom met ijs en water.

d) Koken Combineer de resterende melk, de room, suiker en glucosestroop in een pan

van 4 liter, breng aan de kook op middelhoog vuur en kook gedurende 4 minuten. Haal van het vuur en klop geleidelijk de maïzena-brij erdoor. Breng het mengsel op middelhoog vuur weer aan de kook en kook, al roerend met een hittebestendige spatel, tot het iets dikker is, ongeveer 1 minuut. Haal van het vuur.

e) Chill. Klop het hete melkmengsel geleidelijk door de roomkaas tot een gladde massa. Voeg de crackers toe en laat het mengsel ongeveer 3 minuten trekken totdat de crackers oplossen. Giet het mengsel door een zeef, giet het vervolgens in een Ziplock - diepvrieszak van 1 gallon en dompel de afgesloten zak onder in het ijsbad. Laat staan, voeg indien nodig meer ijs toe, tot het koud is, ongeveer 30 minuten.

f) Invriezen Haal het bevroren bakje uit de vriezer, zet uw ijsmachine in elkaar en zet hem aan. Giet de ijsbasis in het bevroren bakje en draai tot het dik en romig is.

g) Verpak het ijs in een bewaardoos. Druk een vel perkament direct tegen het oppervlak en sluit het af met een luchtdicht deksel. Bevries in het koudste deel van uw vriezer tot het stevig is, minimaal 4 uur.

13. Kaas Graham Cracker-ijs

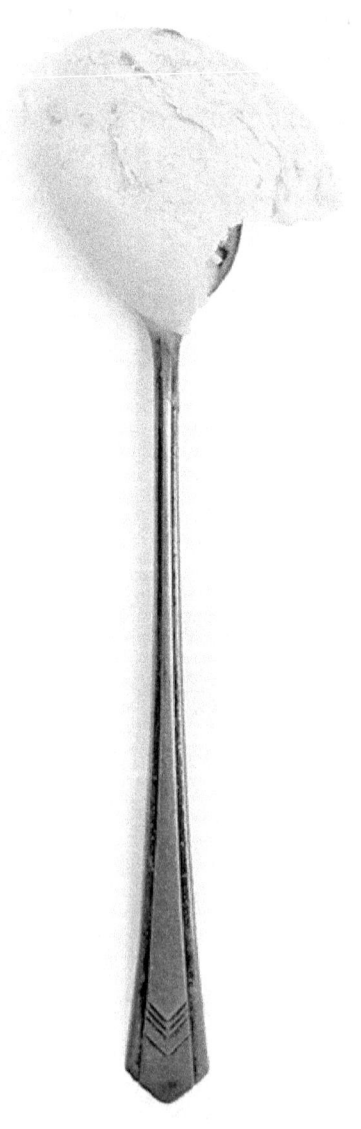

Maakt ongeveer 1 kwart

Ingrediënten:

- 2⅔ kopjes volle melk
- 1 eetlepel plus 2 theelepels maizena
- 2 ons Gorgonzola dolce
- ⅛ theelepel fijn zeezout
- 1½ kopjes zware room
- ¾ kopje suiker
- ¼ kopje lichte glucosestroop
- ½ kopje grof gehakte graham crackers

Routebeschrijving:

a) Meng ongeveer 2 eetlepels melk met het maizena in een kleine kom tot een gladde pap.

b) Klop de Gorgonzola dolce en het zout in een middelgrote kom tot een gladde massa.

c) Vul een grote kom met ijs en water.

d) Koken Combineer de resterende melk, de room, suiker en glucosestroop in een pan van 4 liter, breng aan de kook op middelhoog vuur en kook gedurende 4 minuten. Haal van het vuur en klop geleidelijk de maïzena-brij erdoor. Breng het mengsel op middelhoog vuur weer aan de kook en kook, al roerend met een hittebestendige spatel, tot het iets dikker is, ongeveer 1 minuut. Haal van het vuur.

e) Chill. Klop het hete melkmengsel geleidelijk door de roomkaas tot een gladde massa. Voeg de crackers toe en laat het mengsel ongeveer 3 minuten trekken totdat de crackers oplossen. Giet het mengsel door een zeef, giet het vervolgens in een Ziplock - diepvrieszak van 1 gallon en dompel de afgesloten zak onder in het ijsbad. Laat staan, voeg indien nodig meer ijs toe, tot het koud is, ongeveer 30 minuten.

f) Invriezen Haal het bevroren bakje uit de vriezer, zet uw ijsmachine in elkaar en zet hem aan. Giet de ijsbasis in het bevroren bakje en draai tot het dik en romig is.

g) Verpak het ijs in een bewaardoos. Druk een vel perkament direct tegen het oppervlak en sluit het af met een luchtdicht deksel. Bevries in het koudste deel van uw vriezer tot het stevig is, minimaal 4 uur.

14. Honingkarnemelkijs

Maakt ongeveer 1 kwart

Ingrediënten:

- 2 kopjes karnemelk
- 1 eetlepel plus 2 theelepels maizena
- 2 ons (4 eetlepels) roomkaas, verzacht
- $\frac{1}{4}$ theelepel fijn zeezout
- $\frac{1}{2}$ theelepel kurkuma (voor kleur; optioneel)
- Snufje cayennepeper, of naar smaak
- ⅔ kopje honing
- $1\frac{1}{2}$ kopjes zware room
- $\frac{1}{2}$ kopje Honingmaïsbroodgrind

Routebeschrijving:

a) Meng ongeveer 2 eetlepels karnemelk met het maizena in een kleine kom tot een gladde pap.

b) Klop de roomkaas, het zout en de kurkuma (indien gebruikt) en de cayennepeper in een middelgrote kom tot een gladde massa.

c) Vul een grote kom met ijs en water.

d) Koken Verhit de honing in een pan van 4 liter op middelhoog vuur tot hij begint te koken en net begint te roken. Haal de pan van het vuur en roer er ongeveer $\frac{1}{4}$ kopje room door. Voeg langzaam de rest van de room toe, roer tot deze is opgenomen.

e) Voeg de resterende karnemelk toe, breng aan de kook op middelhoog vuur en kook gedurende 4 minuten. Haal van het vuur en klop geleidelijk de maïzena-brij erdoor. Breng het mengsel op middelhoog vuur weer aan de kook en kook, al roerend met een hittebestendige spatel, tot het iets dikker is, ongeveer 1 minuut. Haal van het vuur.

f) Chill. Klop het hete melkmengsel geleidelijk door de roomkaas tot een gladde massa. Giet het mengsel in een Ziplock - diepvrieszak van 1 gallon en dompel de afgesloten zak onder in het ijsbad. Laat staan, voeg indien nodig meer ijs toe, tot het koud is, ongeveer 30 minuten.

g) Invriezen Haal het bevroren bakje uit de vriezer, zet uw ijsmachine in elkaar en zet hem aan. Giet de ijsbasis in het bevroren bakje en draai tot het dik en romig is.

h) Verpak het ijs in een bewaardoos en meng het maïsbroodgrind er gaandeweg door. Druk een vel perkament direct tegen het oppervlak en sluit het af met een luchtdicht deksel. Bevries in het koudste deel van uw vriezer tot het stevig is, minimaal 4 uur.

15. Pompernikkel-ijs

Maakt ongeveer 1 kwart

Ingrediënten:

- 2⅔ kopjes volle melk
- 1 eetlepel plus 2 theelepels maizena
- 2 ons (4 eetlepels) roomkaas, verzacht
- ⅛ theelepel fijn zeezout
- 1½ kopjes zware room
- ¾ kopje suiker
- 2 eetlepels melasse
- 2 eetlepels lichte glucosestroop
- 3 tot 4 druppels essentiële karwijolie
- ½ kopje roggebroodgrind

Routebeschrijving:

a) Meng ongeveer 2 eetlepels melk met het maizena in een kleine kom tot een gladde pap.

b) Klop de roomkaas en het zout in een middelgrote kom tot een gladde massa.

c) Vul een grote kom met ijs en water.

d) Koken Combineer de resterende melk, de room, suiker, melasse en glucosestroop in een pan van 4 liter, breng aan de kook op middelhoog vuur en kook gedurende 4 minuten. Haal van het vuur en klop geleidelijk de maïzena-brij erdoor. Breng het mengsel op middelhoog vuur weer aan de kook en kook, al roerend met een hittebestendige spatel, tot het iets dikker is, ongeveer 1 minuut. Haal van het vuur.

e) Chill. Klop het hete melkmengsel geleidelijk door de roomkaas tot een gladde massa. Giet het mengsel in een Ziplock - diepvrieszak van 1 gallon en dompel de afgesloten zak onder in het ijsbad. Laat staan, voeg indien nodig meer ijs toe, tot het koud is, ongeveer 30 minuten.

f) Invriezen Haal het bevroren bakje uit de vriezer, zet uw ijsmachine in elkaar en zet hem aan. Giet de ijsbasis in het busje, voeg de karwijolie toe en draai tot het dik en romig is.

g) Verpak het ijs in een bewaarcontainer en meng het roggebroodgrind er gaandeweg door. Druk een vel perkament direct tegen het oppervlak en sluit het af met een luchtdicht deksel.

h) Bevries in het koudste deel van uw vriezer tot het stevig is, minimaal 4 uur.

16. Kolibriecake-ijs

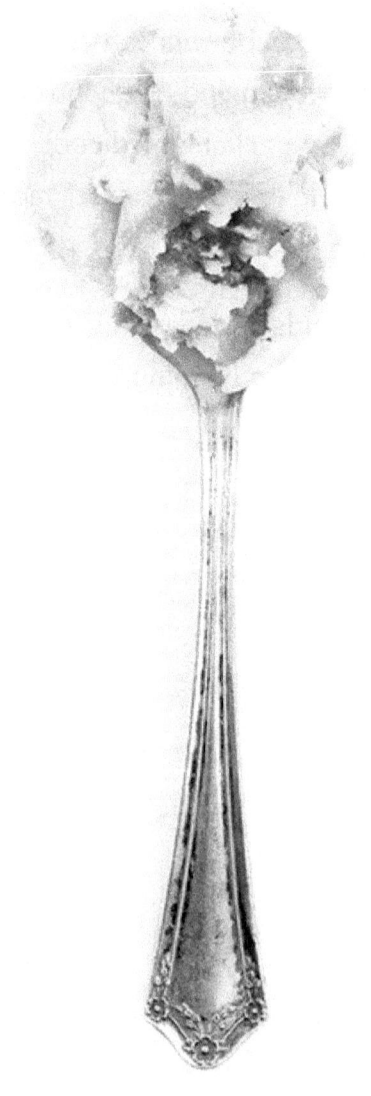

Maakt ongeveer 1 kwart

Ingrediënten:

- ½ kopje grof verkruimelde Lady Cake, gekoeld
- 3 eetlepels ananassaus, gekoeld
- 2 eetlepels gehakte geroosterde pecannoten
- 2⅔ kopjes volle melk
- 1 eetlepel plus 2 theelepels maizena
- 5 ons (10 eetlepels) roomkaas, verzacht
- ¼ theelepel gemalen kaneel
- ⅛ theelepel fijn zeezout
- 1½ kopjes zware room
- ¾ kopje suiker
- ¼ kopje lichte glucosestroop
- 1 rijpe banaan
- 1 theelepel vanille-extract

Routebeschrijving:

a) Meng de cake, ananassaus en pecannoten in een grote kom en vries in om later te gebruiken.

b) Meng ongeveer 2 eetlepels melk met het maizena in een kleine kom tot een gladde pap.

c) Klop de roomkaas, kaneel en zout in een middelgrote kom tot een gladde massa.

d) Vul een grote kom met ijs en water.

e) Koken Combineer de resterende melk, de room, suiker en glucosestroop in een pan van 4 liter, breng aan de kook op middelhoog vuur en kook gedurende 4 minuten. Haal van het vuur en klop geleidelijk de maïzena-brij erdoor. Breng het opnieuw aan de kook op middelhoog vuur en kook, al roerend met een hittebestendige spatel, tot het iets dikker is, ongeveer 1 minuut. Haal van het vuur.

f) Chill. Klop het hete melkmengsel geleidelijk door de roomkaas tot een gladde massa.

g) Schil de banaan, snijd hem in stukjes en pureer hem in een keukenmachine tot hij helemaal glad is. Roer de puree door de ijsbasis en klop het vanille-extract erdoor. Giet het mengsel in een Ziplock - diepvrieszak van 1 gallon en dompel de afgesloten zak onder in het ijsbad. Laat staan, voeg indien nodig meer ijs toe, tot het koud is, ongeveer 30 minuten.

h) Invriezen Haal het bevroren bakje uit de vriezer, zet uw ijsmachine in elkaar en zet hem aan. Giet de ijsbasis in het bevroren bakje en draai tot het dik en romig is.

i) Schep het softijs in het mengsel van cake/ananassaus/pecannoten en meng tot alles goed gemengd is – werk snel zodat het ijs niet smelt! Verpak in een opslagcontainer.

j) Druk een vel perkament direct tegen het oppervlak en sluit het af met een luchtdicht deksel. Bevries in het koudste deel van uw vriezer tot het stevig is, minimaal 4 uur.

17. Mango Manchego-ijs

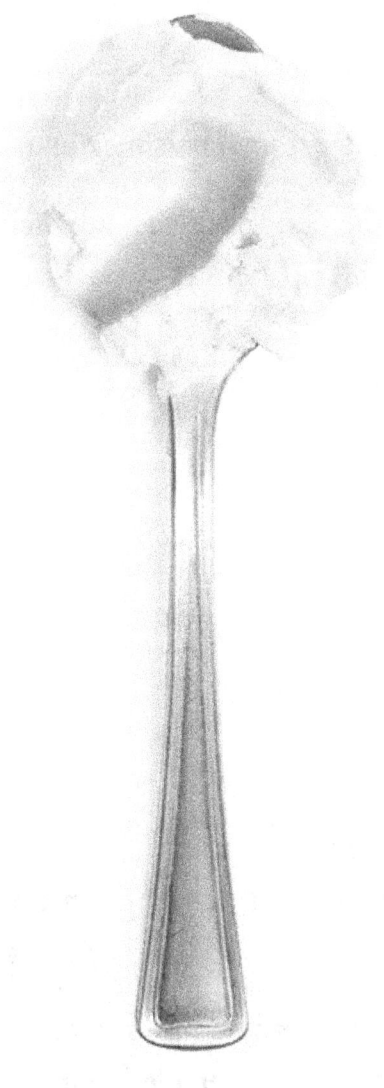

Maakt ongeveer 1 kwart

Ingrediënten:

- 2⅔ kopjes volle melk
- 1 eetlepel plus 2 theelepels maizena
- 2 ons (4 eetlepels) roomkaas, verzacht
- ⅛ theelepel fijn zeezout
- 1½ kopjes zware room
- ¾ kopje suiker
- ¼ kopje lichte glucosestroop
- 1 kopje geraspte Manchego
- ½ kopje mangojam

Routebeschrijving:

a) Meng ongeveer 2 eetlepels melk met het maizena in een kleine kom tot een gladde pap.

b) Klop de roomkaas en het zout in een middelgrote kom tot een gladde massa.

c) Vul een grote kom met ijs en water.

d) Koken Combineer de resterende melk, de room, suiker en glucosestroop in een pan van 4 liter, breng aan de kook op middelhoog vuur en kook gedurende 4 minuten. Haal van het vuur en klop geleidelijk de maïzena-slurry en Manchego erdoor. Breng het mengsel op middelhoog vuur weer aan de kook en kook, al roerend met een hittebestendige spatel, tot het iets dikker is, ongeveer 1 minuut. Haal van het vuur.

e) Chill. Klop het hete melkmengsel geleidelijk door de roomkaas tot een gladde massa. Giet het mengsel in een Ziplock - diepvrieszak van 1 gallon en dompel de afgesloten zak onder in het ijsbad. Laat staan, voeg indien nodig meer ijs toe, tot het koud is, ongeveer 30 minuten.

f) Invriezen Haal het bevroren bakje uit de vriezer, zet uw ijsmachine in elkaar en zet hem aan. Giet de ijsbasis in het busje en draai tot het dik en romig is.

g) Verpak het ijs in een bewaardoos en doe er gaandeweg laagjes jam in. Druk een vel perkament direct tegen het oppervlak en sluit het af met een luchtdicht deksel.

h) Bevries in het koudste deel van uw vriezer tot het stevig is, minimaal 4 uur.

18. Maneschijn en maïssiroopvla

Maakt ongeveer 1 kwart

Ingrediënten:

- 2⅔ kopjes volle melk
- 1 eetlepel plus 2 theelepels maizena
- 2 ons (4 eetlepels) roomkaas, verzacht
- ⅛ theelepel fijn zeezout
- 1½ kopjes zware room
- ⅔ kopje suiker
- ¼ kopje lichte glucosestroop
- ⅓ tot ½ kopje maneschijn of witte whisky
- ⅔ kopje geroosterde gezouten pecannoothelften
- ½ kopje maïssiroopvla

Routebeschrijving:

a) Meng ongeveer 2 eetlepels melk met het maizena in een kleine kom tot een gladde pap.

b) Klop de roomkaas en het zout in een middelgrote kom tot een gladde massa.

c) Vul een grote kom met ijs en water.

d) Koken Combineer de resterende melk, de room, suiker en glucosestroop in een pan van 4 liter, breng aan de kook op middelhoog vuur en kook gedurende 4 minuten. Haal van het vuur en klop geleidelijk de maïzena-brij erdoor. Breng het mengsel op middelhoog vuur weer aan de kook en kook, al roerend met een hittebestendige spatel, tot het iets dikker is, ongeveer 1 minuut. Haal van het vuur.

e) Chill. Klop het hete melkmengsel geleidelijk door de roomkaas tot een gladde massa. Giet het mengsel in een Ziplock - diepvrieszak van 1 gallon en dompel de afgesloten zak onder in het ijsbad. Laat staan, voeg indien nodig meer ijs toe, tot het koud is, ongeveer 30 minuten. Roer de maneschijn erdoor.

f) Invriezen Haal het bevroren bakje uit de vriezer, zet uw ijsmachine in elkaar en zet hem aan. Giet de ijsbasis in het busje en draai tot het dik en romig is.

g) Verpak het ijs in een bewaardoos en doe er gaandeweg de pecannoten en de custard in. Druk een vel perkament direct tegen het oppervlak en sluit het af met een luchtdicht deksel.

h) Bevries in het koudste deel van uw vriezer tot het stevig is, minimaal 4 uur.

19. Kersenijsje uit het Witte Huis

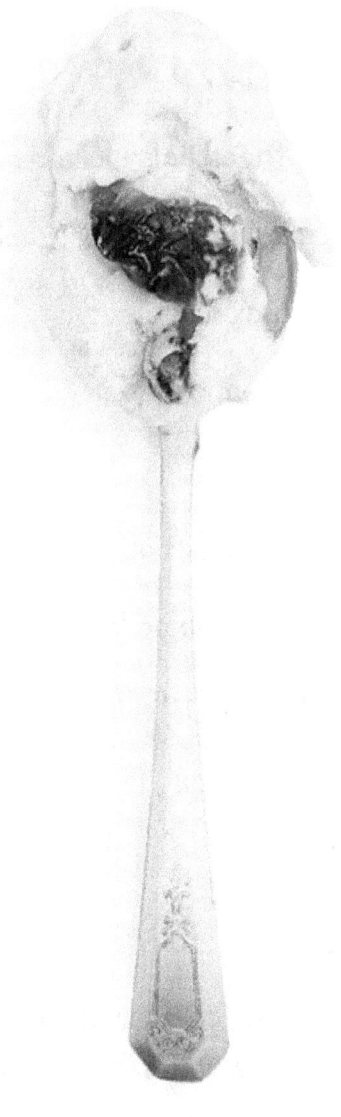

Maakt ongeveer 1 kwart

Ingrediënten:

- 2⅔ kopjes volle melk
- 1 eetlepel plus 2 theelepels maizena
- 2 ons (4 eetlepels) roomkaas, verzacht
- ⅛ theelepel fijn zeezout
- 1½ kopjes zware room
- ¾ kopje suiker
- ¼ kopje lichte glucosestroop
- 1 tot 2 druppels kersenbloesemextract
- 4 ons witte chocolade, gehakt
- ¼ kopje witte huiskersen, uitgelekt
- Een handvol pistachenoten (optioneel)

Routebeschrijving:

a) Meng ongeveer 2 eetlepels melk met het maizena in een kleine kom tot een gladde pap.

b) Klop de roomkaas en het zout in een middelgrote kom tot een gladde massa.

c) Vul een grote kom met ijs en water.

d) Koken Combineer de resterende melk, de room, suiker en glucosestroop in een pan van 4 liter, breng aan de kook op middelhoog vuur en kook gedurende 4 minuten. Haal van het vuur en klop geleidelijk de maïzena-brij erdoor. Breng het mengsel op middelhoog vuur weer aan de kook en kook, al roerend met een hittebestendige spatel, tot het iets dikker is, ongeveer 1 minuut. Haal van het vuur.

e) Chill. Klop het hete melkmengsel geleidelijk door de roomkaas tot een gladde massa. Giet het mengsel in een Ziplock - diepvrieszak van 1 gallon en dompel de afgesloten zak onder in het ijsbad. Laat staan, voeg indien nodig meer ijs toe, tot het koud is, ongeveer 30 minuten.

f) Invriezen Haal het bevroren bakje uit de vriezer, zet uw ijsmachine in elkaar en zet hem aan. Giet de ijsbasis in de bus, voeg het kersenbloesemextract toe en draai tot het dik en romig is. Smelt ondertussen de chocolade in een dubbele boiler boven kokend water. Haal van het vuur en laat afkoelen tot het lauw maar nog wel gietbaar is.

g) Wanneer het ijs bijna klaar is, druppelt u geleidelijk de gesmolten chocolade door de opening in de bovenkant van de machine, laat het stollen en laat het vervolgens ongeveer 2 minuten in het ijs uiteenvallen.

h) Verpak het ijs in een bewaardoos en vouw er eventueel de kersen en pistachenoten doorheen. Druk een vel perkament direct tegen het oppervlak en sluit het af met een luchtdicht deksel.

i) Bevries in het koudste deel van uw vriezer tot het stevig is, minimaal 4 uur.

20. Yazoo Sue-ijs

Maakt ongeveer 1 kwart

Ingrediënten:

- 2⅔ kopjes volle melk
- 1 eetlepel plus 2 theelepels maizena
- 2 ons (4 eetlepels) roomkaas, verzacht
- ⅛ theelepel fijn zeezout
- 1½ kopjes zware room
- ¾ kopje suiker
- ¼ kopje lichte glucosestroop
- ⅓ kopje gerookte porter
- ½ kopje rozemarijnreepnoten

Routebeschrijving:

a) Meng ongeveer 2 eetlepels melk met het maizena in een kleine kom tot een gladde pap.

b) Klop de roomkaas en het zout in een middelgrote kom tot een gladde massa.

c) Vul een grote kom met ijs en water.

d) Koken Combineer de resterende melk, de room, suiker en glucosestroop in een pan van 4 liter, breng aan de kook op middelhoog vuur en kook gedurende 4 minuten.

e) Haal van het vuur en klop geleidelijk de maïzena-brij erdoor. Breng het mengsel op middelhoog vuur weer aan de kook en kook, al roerend met een hittebestendige spatel, tot het iets dikker is, ongeveer 1 minuut. Haal van het vuur.

f) Afkoelen Klop het hete melkmengsel geleidelijk door de roomkaas tot een gladde massa en roer vervolgens het bier erdoor. Giet het mengsel in een Ziplock - diepvrieszak van 1 gallon en dompel de afgesloten zak onder in het ijsbad. Laat staan, voeg indien nodig meer ijs toe, tot het koud is, ongeveer 30 minuten.

g) Invriezen Haal het bevroren bakje uit de vriezer, zet uw ijsmachine in elkaar en zet hem aan. Giet de ijsbasis in het busje en draai tot het dik en romig is.

h) Verpak het ijs in een bewaardoos en vouw de reepmoeren ertussendoor. Druk een vel perkament direct tegen het oppervlak en sluit het af met een luchtdicht deksel.

i) Bevries in het koudste deel van uw vriezer tot het stevig is, minimaal 4 uur.

21. Karnemelk Soft-Serve

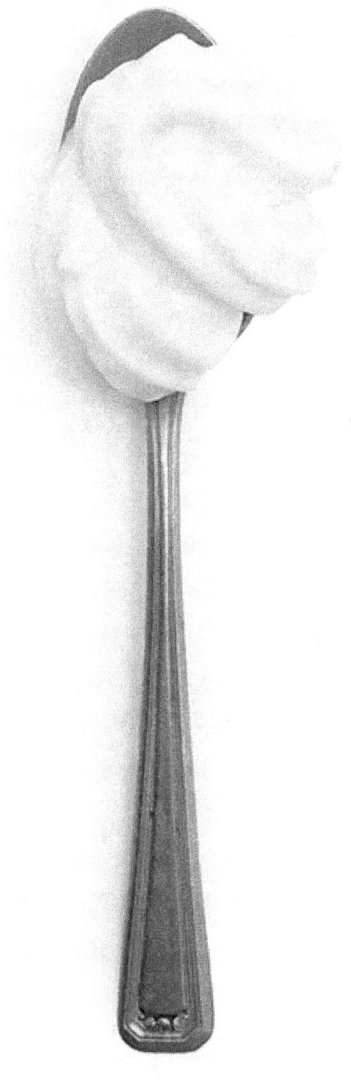

Maakt ongeveer 1 kwart

Ingrediënten:

- 1¼ kopjes zware room
- 2 eetlepels maizena
- 3 ons (6 eetlepels) roomkaas, verzacht
- ¼ theelepel fijn zeezout
- ⅔ kopje suiker
- 2 eetlepels lichte glucosestroop
- 2½ kopjes karnemelk, volle melk of 2% melk

Routebeschrijving:

a) Meng 3 tot 4 eetlepels room met het maizena in een kleine kom tot een gladde pap.

b) Klop de roomkaas en het zout in een middelgrote kom tot een gladde massa.

c) Vul een grote kom met ijs en water.

d) Koken Combineer de resterende room, de suiker en de glucosestroop in een pan van

4 liter, breng aan de kook op middelhoog vuur en kook gedurende 4 minuten. Haal van het vuur en klop geleidelijk de maïzena-brij erdoor. Breng het mengsel op middelhoog vuur weer aan de kook en kook, al roerend met een hittebestendige spatel, tot het iets dikker is, ongeveer 20 seconden. Haal van het vuur.

e) Chill. Klop het hete melkmengsel geleidelijk door de roomkaas tot een gladde massa. Roer de karnemelk erdoor.

f) ritssluitingszak van 1 gallon en dompel de afgesloten zak onder in het ijsbad. Laat staan, voeg indien nodig meer ijs toe, tot het koud is, ongeveer 30 minuten.

g) Bevriezen

h) Als u een softijsmachine gebruikt

i) Haal het bevroren bakje uit de vriezer, monteer uw ijsmachine en zet hem aan. Giet de ijsbasis in het busje en draai tot het dik en romig is. Gebruik het handvat om een deel van het ijs in een kom te doen. Als het ijs te zacht is, gooi het er dan weer in en blijf roeren totdat het de gewenste consistentie heeft bereikt. Serveer onmiddellijk.

j) Als u een gewone ijsmachine gebruikt

k) Haal het bevroren bakje uit de vriezer, monteer uw ijsmachine en zet hem aan. Giet de ijsbasis in het busje en draai tot het dik en romig is.

l) Serveer rechtstreeks uit de machine, of, voor een schepbare versie, verpak het ijs in een bewaardoos. Druk een vel perkament direct tegen het oppervlak en sluit het af met een luchtdicht deksel.

m) Bevries in het koudste deel van uw vriezer tot het stevig is, minimaal 4 uur.

VLA

22. Zoute Vanille Bevroren Vla

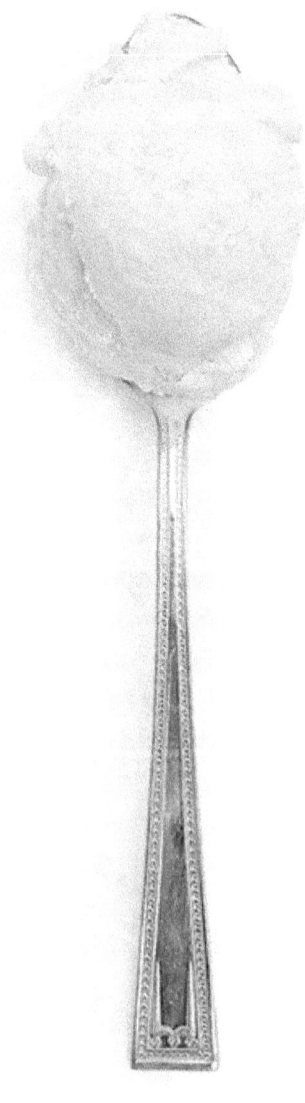

Maakt ongeveer 1 kwart

Ingrediënten:

- 2¾ kopjes volle melk
- 6 grote eierdooiers
- 1 eetlepel plus 2 theelepels maizena
- 1 ounce (2 eetlepels) roomkaas, verzacht
- ¾ theelepel fijn zeezout
- 3 theelepels vanille-extract
- 1 kopje zware room
- ¾ kopje suiker
- 2 eetlepels lichte glucosestroop

Routebeschrijving:

a) Meng ongeveer 2 eetlepels melk, de eidooiers en het maizena in een kleine kom en zet opzij.

b) Klop de roomkaas, het zout en de vanille in een middelgrote kom tot een gladde massa.

c) Vul een grote kom met ijs en water.

d) Koken Combineer de resterende melk, de room, suiker en glucosestroop in een pan van 4 liter, breng aan de kook op middelhoog vuur en kook gedurende 4 minuten.

e) Haal van het vuur en voeg geleidelijk ongeveer 2 kopjes van het hete melkmengsel toe aan het eigeelmengsel, pollepel per keer, en roer goed na elke toevoeging.

f) Giet het mengsel terug in de pan en verwarm op middelhoog vuur, onder voortdurend roeren met een hittebestendige spatel, tot het mengsel aan de kook komt. Haal van het vuur en zeef indien nodig door een zeef.

g) Chill. Klop het hete melkmengsel geleidelijk door het roomkaasmengsel tot een gladde massa. Giet het mengsel in een Ziplock - diepvrieszak van 1 gallon en dompel de afgesloten zak onder in het ijsbad. Laat staan, voeg indien nodig meer ijs toe, tot het koud is, ongeveer 30 minuten.

h) Invriezen Haal het bevroren bakje uit de vriezer, zet uw ijsmachine in elkaar en zet hem aan. Giet de vlabasis in de bus en draai tot hij dik en romig is.

i) Verpak de custard in een bewaardoos. Druk een vel perkament direct tegen het oppervlak en sluit het af met een luchtdicht deksel. Bevries in het koudste deel van uw vriezer tot het stevig is, minimaal 4 uur.

23. Franse Toast Bevroren Vla

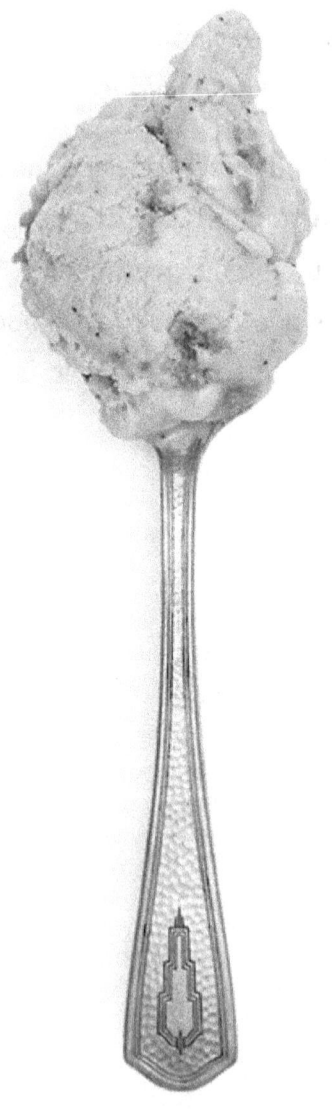

Maakt ongeveer 1 kwart

Ingrediënten:

- 2¾ kopjes volle melk
- 6 grote eidooiers
- 1 eetlepel plus 2 theelepels maizena
- 1 ounce (2 eetlepels) roomkaas, verzacht
- ½ theelepel vanille-extract
- 1 theelepel gemalen kaneel
- 1 theelepel vers gebrande, fijngemalen koffie
- ¼ theelepel zout
- 1 kopje zware room
- 2 eetlepels lichte glucosestroop
- 1½ kopje ahornsiroop
- ½ kopje (¼ inch) briocheblokjes (van 2 tot 3 plakjes brioche), geroosterd of wentelteefjes

Routebeschrijving:

a) Meng ongeveer 2 eetlepels melk, de eierdooiers en het maizena in een kleine kom en zet opzij.

b) Klop de roomkaas, vanille, kaneel, koffie en zout in een middelgrote kom tot een gladde massa.

c) Meng de room met de glucosestroop in een kleine kom.

d) Vul een grote kom met ijs en water.

e) Kook Breng de ahornsiroop aan de kook in een pan van 4 liter op middelhoog vuur. Zet het vuur middelhoog en kook nog 8 minuten, totdat de siroop met de helft is ingekookt. Haal van het vuur en voeg geleidelijk het roommengsel toe, pollepel per keer, onder voortdurend roeren. Roer de resterende melk erdoor.

f) Zet de pan terug op de kookplaat en verwarm op middelhoog vuur, breng het mengsel aan de kook en kook gedurende 4 minuten (het lijkt misschien gestremd door de zure esdoorn, maar het komt weer samen in de afgewerkte custard).

g) Haal van het vuur en voeg geleidelijk ongeveer 2 kopjes van dit mengsel toe aan het eigeelmengsel, pollepel per keer, en roer goed na elke toevoeging.

h) Giet het mengsel in de pan en verwarm op middelhoog vuur tot het mengsel weer aan de kook komt, haal het dan van het vuur. Eventueel door een zeef zeven.

i) Chill. Klop het hete melkmengsel geleidelijk door het roomkaasmengsel tot een gladde massa. Giet het mengsel in een Ziplock - diepvrieszak van 1 gallon en dompel de afgesloten zak onder in het ijsbad. Laat staan, voeg indien nodig meer ijs toe, tot het koud is, ongeveer 30 minuten.

j) Invriezen Haal het bevroren bakje uit de vriezer, zet uw ijsmachine in elkaar en zet hem aan. Giet de vlabasis in de bus en draai tot hij dik en romig is.

k) Doe de vla in een bewaarbakje en meng er gaandeweg de geroosterde briocheblokjes door. Druk een vel perkament direct tegen het oppervlak en sluit het af met een luchtdicht deksel. Bevries in het koudste deel van uw vriezer tot het stevig is, minimaal 4 uur.

24. Advocaat bevroren vla

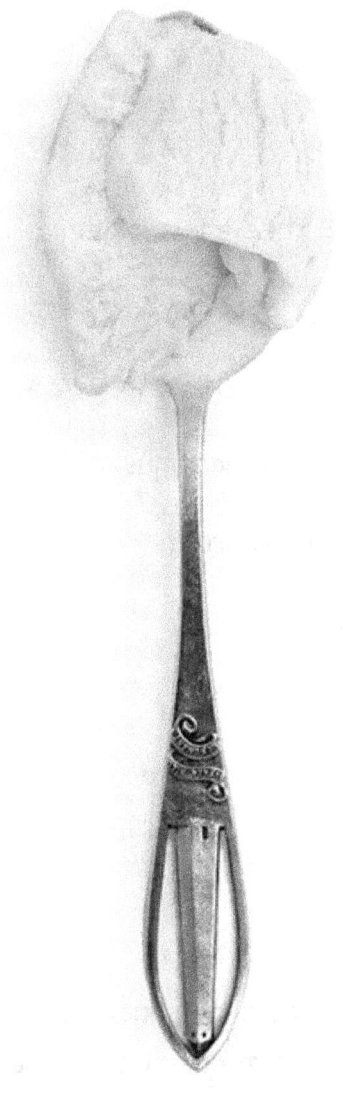

Maakt ongeveer 1 kwart

Ingrediënten:

- $2\frac{3}{4}$ kopjes volle melk
- 6 grote eidooiers
- 1 eetlepel plus 2 theelepels maizena
- 1 ounce (2 eetlepels) roomkaas, verzacht
- $\frac{1}{2}$ theelepel fijn zeezout
- $\frac{1}{8}$ theelepel geraspte nootmuskaat
- $\frac{1}{2}$ theelepel vanille-extract
- 1 kopje zware room
- $\frac{3}{4}$ kopje suiker
- 2 eetlepels lichte glucosestroop
- $\frac{1}{4}$ kopje whisky (of rum of cognac)

Routebeschrijving:

a) Meng ongeveer 2 eetlepels melk, de eidooiers en het maizena in een kleine kom en zet opzij.

b) Klop de roomkaas, het zout, de nootmuskaat en de vanille in een middelgrote kom tot een gladde massa.

c) Vul een grote kom met ijs en water.

d) Koken Combineer de resterende melk, de room, suiker en glucosestroop in een pan van 4 liter, breng aan de kook op middelhoog vuur en kook gedurende 4 minuten.

e) Haal van het vuur en voeg geleidelijk ongeveer 2 kopjes van het hete melkmengsel toe aan het eigeelmengsel, pollepel per keer, en roer goed na elke toevoeging.

f) Giet het mengsel terug in de pan en verwarm op middelhoog vuur, onder voortdurend roeren met een hittebestendige spatel, tot het mengsel aan de kook komt. Haal van het vuur en zeef indien nodig door een zeef.

g) Chill. Klop het hete melkmengsel geleidelijk door het roomkaasmengsel tot een gladde massa. Giet het mengsel in een Ziplock - diepvrieszak van 1 gallon en dompel de afgesloten zak onder in het ijsbad. Laat staan, voeg indien nodig meer ijs toe, tot het koud is, ongeveer 30 minuten.

h) Invriezen Haal het bevroren bakje uit de vriezer, zet uw ijsmachine in elkaar en zet hem aan. Giet de vlabasis in de bus, voeg de whisky toe en draai tot hij dik en romig is.

i) Verpak de custard in een bewaardoos. Druk een vel perkament direct tegen het oppervlak en sluit het af met een luchtdicht deksel. Bevries in het koudste deel van uw vriezer tot het stevig is, minimaal 4 uur.

25. Oranjebloesembisquevla

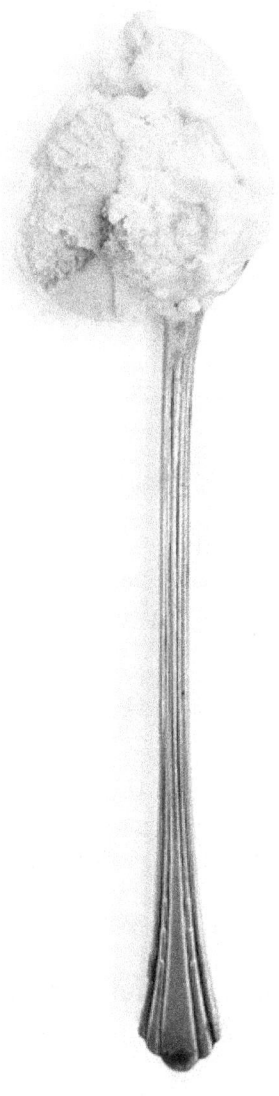

Maakt ongeveer 1 kwart

Ingrediënten:

- 2¾ kopjes volle melk
- 6 grote eidooiers
- 1 eetlepel plus 2 theelepels maizena
- 1 ounce (2 eetlepels) roomkaas, verzacht
- 2 theelepels vanille-extract
- ¾ theelepel amandelextract
- ½ theelepel fijn zeezout
- 1 kopje zware room
- ¾ kopje suiker
- 2 eetlepels lichte glucosestroop
- 1 tot 2 druppels etherische olie van neroli
- ½ kopje geroosterde amandelen, zeer fijngehakt
- ½ kopje verkruimelde amarettikoekjes

- 12 tot 16 Amarena-kersen (zie bronnen ; optioneel)

Routebeschrijving:

a) Meng ongeveer 2 eetlepels melk, de eidooiers en het maizena in een kleine kom en zet opzij.

b) Klop de roomkaas, vanille, amandelextract en zout in een middelgrote kom tot een gladde massa.

c) Vul een grote kom met ijs en water.

d) Koken Combineer de resterende melk, de room, suiker en glucosestroop in een pan van 4 liter, breng aan de kook op middelhoog vuur en kook gedurende 4 minuten.

e) Haal van het vuur en voeg geleidelijk ongeveer 2 kopjes van het hete melkmengsel toe aan het eigeelmengsel, pollepel per keer, en roer goed na elke toevoeging.

f) Giet het mengsel terug in de pan en verwarm op middelhoog vuur, onder voortdurend roeren met een hittebestendige spatel, tot het mengsel aan de kook komt. Haal van het vuur en zeef indien nodig door een zeef.

g) Chill. Klop het hete melkmengsel geleidelijk door het roomkaasmengsel tot een gladde massa. Giet het mengsel in een Ziplock - diepvrieszak van 1 gallon en dompel de afgesloten zak onder in het ijsbad. Laat staan, voeg indien nodig meer ijs toe, tot het koud is, ongeveer 30 minuten.

h) Invriezen Haal het bevroren bakje uit de vriezer, zet uw ijsmachine in elkaar en zet hem aan. Giet de vlabasis in de bus, doe de etherische olie van neroli erin en draai tot het dik en romig is.

i) Verpak de custard in een bewaardoos en doe er gaandeweg de geroosterde amandelen en amaretti in laagjes bij. Druk een vel perkament direct tegen het oppervlak en sluit het af met een luchtdicht deksel. Bevries in het koudste deel van uw vriezer tot het stevig is, minimaal 4 uur.

j) Garneer met de kersen, indien gebruikt, terwijl je serveert.

26. Karamel Crème zonder Lait

Maakt ongeveer 1 kwart

Ingrediënten:

- 2¾ kopjes amandelmelk
- 2 eetlepels tapiocazetmeel
- ⅓ kopje rauwe cashewnoten
- 2 ons (4 eetlepels) veganistische roomkaas
- 1¼ kopjes geraffineerde kokosolie, op kamertemperatuur
- ½ theelepel fijn zeezout
- ⅓ kopje lichte glucosestroop
- ⅔ kopje suiker
- 1 vanilleboon, gespleten, zaadjes eruit geschraapt, zaadjes en boontje gereserveerd

Routebeschrijving:

a) Meng ongeveer 2 eetlepels amandelmelk met het tapiocazetmeel in een kleine kom tot een gladde pap. Als je rauwe cashewnoten gebruikt, vermaal ze dan tot een zeer fijne pasta in een keukenmachine of met een vijzel en stamper.

b) Klop de roomkaas, indien gebruikt, kokosolie, cashewpasta en zout in een kom tot een gladde en romige massa.

c) Giet de glucosestroop in de resterende amandelmelk in een kom.

d) Vul een grote kom met ijs en water.

e) Koken Verhit de suiker in een steelpan van 4 liter op middelhoog vuur tot deze gesmolten en goudbruin is .

f) Haal van het vuur en voeg, onder voortdurend roeren, langzaam een beetje van het amandelmelkmengsel toe aan de karamel: het zal bruisen, knappen en spuiten.

g) Roer tot alles goed gemengd is, voeg dan nog een beetje amandelmelk toe en roer. Blijf de melk beetje bij beetje toevoegen totdat alles is opgenomen.

h) Klop langzaam de tapiocazetmeelbrij en de vanillezaadjes en -boon erdoor. Zet de pan terug op het vuur, breng aan de kook op middelhoog vuur en kook, al roerend met een hittebestendige spatel, gedurende 20 tot 30 seconden, tot het mengsel iets dikker wordt.

i) Haal van het vuur. Als er karamelvlekjes achterblijven, zeef het mengsel dan door een zeef.

j) Chill. Klop het hete melkmengsel geleidelijk door het roomkaasmengsel en roer tot het goed is opgenomen.

k) Giet het mengsel in een Ziplock - diepvrieszak van 1 gallon en dompel de afgesloten zak onder in het ijsbad. Laat staan, voeg indien nodig meer ijs toe, tot het koud is, ongeveer 30 minuten.

l) Invriezen Haal het bevroren bakje uit de vriezer, zet uw ijsmachine in elkaar en zet hem aan. Giet de crèmebasis in het busje en draai tot het dik en romig is.

m) Verwijder het vanillestokje en gooi het weg. Verpak de crème in een bewaardoos.

n) Druk een vel perkament direct tegen het oppervlak en sluit het af met een luchtdicht deksel.

o) Bevries in het koudste deel van uw vriezer tot het stevig is, minimaal 4 uur.

BEVROREN YOGHURT

27. Verse gember bevroren yoghurt

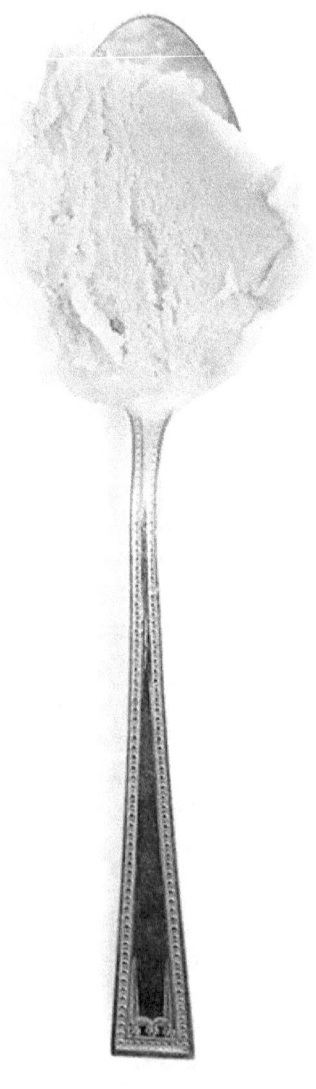

Maakt ongeveer 1 kwart

Ingrediënten:

Frozen Yoghurt Basis

- 1 liter magere yoghurt
- 1½ kopje volle melk
- 2 eetlepels maizena
- 2 ons (4 eetlepels) roomkaas, verzacht
- ½ theelepel bietenpoeder (voor kleur; zie bronnen ; optioneel)
- ⅛ theelepel kurkuma (voor de kleur; optioneel)
- ½ kopje zware room
- ⅔ kopje suiker
- ¼ kopje lichte glucosestroop

Gembersiroop

- ½ kopje vers citroensap (van 2 tot 3 citroenen)
- 3 eetlepels suiker

- 2 ons verse gember (een stuk van ongeveer 10 cm lang), geschild en in munten van $\frac{1}{8}$ inch gesneden
- $\frac{1}{2}$ theelepel gemberpoeder

Routebeschrijving:

Voor de gezeefde yoghurt

a) Zet een zeef boven een kom en bekleed deze met twee lagen kaasdoek. Giet de yoghurt in de zeef, dek af met plasticfolie en laat 6 tot 8 uur in de koelkast staan om uit te lekken. Gooi de vloeistof weg en meet $1\frac{1}{4}$ kopje gezeefde yoghurt af; opzij zetten.

Voor de gembersiroop

b) Meng het citroensap met de suiker in een kleine pan en breng op middelhoog vuur al roerend aan de kook om de suiker op te lossen. Haal van het vuur, voeg de gesneden gember en de gemberpoeder toe en laat afkoelen. Zeef de gesneden gember eruit en zet de siroop opzij.

Voor de yoghurtijsbasis

c) Meng ongeveer 2 eetlepels melk met het maizena in een kleine kom tot een gladde pap.

d) Klop de roomkaas, het bietenpoeder en de kurkuma (indien gebruikt) in een middelgrote kom tot een gladde massa.

e) Vul een grote kom met ijs en water.

f) Koken Combineer de resterende melk, de room, suiker en glucosestroop in een pan van 4 liter, breng aan de kook op middelhoog vuur en kook gedurende 4 minuten. Haal van het vuur en klop geleidelijk de maïzena-brij erdoor. Breng het mengsel op middelhoog vuur weer aan de kook en kook, al roerend met een hittebestendige spatel, tot het iets dikker is, ongeveer 1 minuut. Haal van het vuur.

g) Chill. Klop het hete melkmengsel geleidelijk door de roomkaas tot een gladde massa. Voeg de $1\frac{1}{4}$ kopjes yoghurt en de gembersiroop toe. Giet het mengsel in een Ziplock - diepvrieszak van 1 gallon en dompel de afgesloten zak onder in het ijsbad. Laat staan, voeg indien nodig meer ijs toe, tot het koud is, ongeveer 30 minuten.

h) Invriezen Haal het bevroren bakje uit de vriezer, zet uw ijsmachine in elkaar en zet hem aan. Giet de bevroren yoghurtbasis in het bevroren blikje en draai tot het dik en romig is.

i) Verpak de bevroren yoghurt in een opslagcontainer. Druk een vel perkament direct tegen het oppervlak en sluit het af met een luchtdicht deksel. Bevries in het koudste deel van uw vriezer tot het stevig is, minimaal 4 uur.

28. Verse perzik bevroren yoghurt

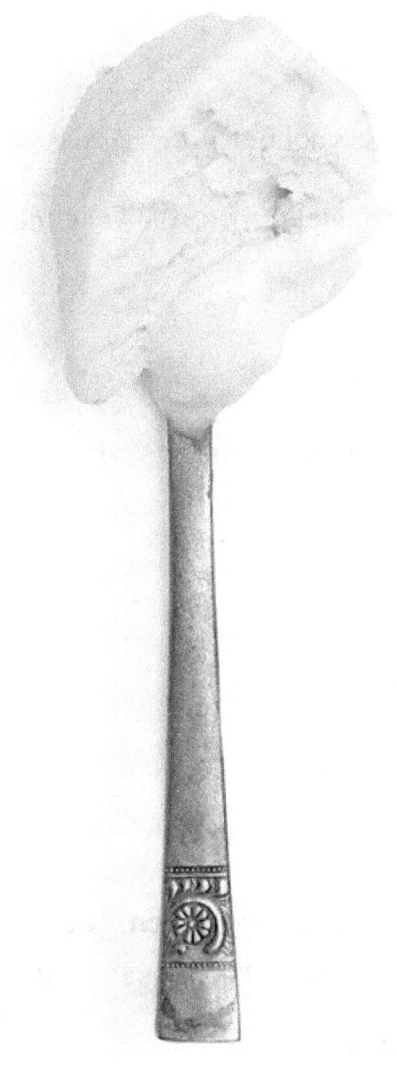

Maakt ongeveer 1 kwart

Ingrediënten:

Frozen Yoghurtbasis

- 1 liter magere yoghurt
- ⅔ kopje karnemelk (of extra volle melk)
- 1 kopje volle melk
- 2 eetlepels maizena
- 2 ons (4 eetlepels) roomkaas, verzacht
- ¼ theelepel fijn zeezout
- ½ kopje zware room
- ⅔ kopje suiker
- ¼ kopje lichte glucosestroop

Perzik Puree

- 2 tot 3 rijpe gouden perziken, geschild, ontpit en in grove stukken gesneden
- ⅓ kopje suiker
- ¼ kopje vers citroensap (van ongeveer 2 citroenen)

Routebeschrijving:

Voor de gezeefde yoghurt

a) Zet een zeef boven een kom en bekleed deze met twee lagen kaasdoek. Giet de yoghurt in de zeef, dek af met plasticfolie en laat 6 tot 8 uur in de koelkast staan om uit te lekken. Gooi de vloeistof weg en meet $1\frac{1}{4}$ kopje gezeefde yoghurt af. Voeg de karnemelk toe en zet opzij.

Voor de bevroren yoghurt

b) Meng ongeveer 2 eetlepels melk met het maizena in een kleine kom tot een gladde pap.

c) Klop de roomkaas en het zout in een middelgrote kom tot een gladde massa.

d) Vul een grote kom met ijs en water.

Voor de perzikpuree

e) Pureer de perziken in een keukenmachine. Doe ⅔ kopje puree in een kleine kom. Reserveer de rest voor een ander gebruik.

f) Combineer de suiker en het citroensap in een middelgrote pan en breng op middelhoog vuur aan de kook, roer tot de suiker is opgelost. Voeg toe aan de perzikpuree en laat afkoelen.

g) Koken Combineer de resterende melk, de room, suiker en glucosestroop in een pan van 4 liter, breng aan de kook op middelhoog vuur en kook gedurende 4 minuten. Haal van het vuur en klop geleidelijk de maïzena-brij erdoor. Breng het mengsel op middelhoog vuur weer aan de kook en kook, al roerend met een hittebestendige spatel, tot het iets dikker is, ongeveer 1 minuut. Haal van het vuur.

h) Chill. Klop het hete melkmengsel geleidelijk door de roomkaas tot een gladde massa. Voeg de gereserveerde $1\frac{1}{4}$ kopjes yoghurt en de perzikpuree toe. Giet het mengsel in een Ziplock - diepvrieszak van 1 gallon en dompel de afgesloten zak onder in het ijsbad. Laat staan, voeg indien nodig meer ijs toe, tot het koud is, ongeveer 30 minuten.

i) Invriezen Haal het bevroren bakje uit de vriezer, zet uw ijsmachine in elkaar en zet hem aan. Giet de bevroren yoghurtbasis in het bevroren blikje en draai tot het dik en romig is.

j) Verpak de bevroren yoghurt in een opslagcontainer. Druk een vel perkament direct tegen het oppervlak en sluit het af met een luchtdicht deksel. Bevries in het koudste deel van uw vriezer tot het stevig is, minimaal 4 uur.

29. IJslandse cake Frozen Yogurt

Maakt ongeveer 1 kwart

Ingrediënten:

- 1½ kopje volle melk
- 2 eetlepels maizena
- 1¼ kopjes skyr
- 2 ons (4 eetlepels) roomkaas, verzacht
- ½ kopje zware room
- ⅔ kopje suiker
- ¼ kopje lichte glucosestroop
- ½ kopje verkruimelde Lady Cake, bevroren
- ½ kopje Streusel, gemaakt met haver en nog eens 20 minuten gebakken
- ⅔ kopje gestoofde rabarbersaus

Routebeschrijving:

a) Meng ongeveer 2 eetlepels melk met het maizena in een kleine kom tot een gladde pap.

b) Klop de skyr en roomkaas in een middelgrote kom tot een gladde massa.

c) Vul een grote kom met ijs en water.

d) Koken Combineer de resterende melk, de room, suiker en glucosestroop in een pan van 4 liter, breng aan de kook op middelhoog vuur en kook gedurende 4 minuten.

e) Haal van het vuur en klop geleidelijk de maïzena-brij erdoor. Breng het mengsel op middelhoog vuur weer aan de kook en kook, al roerend met een hittebestendige spatel, tot het iets dikker is, ongeveer 1 minuut. Haal van het vuur.

f) Chill. Klop het hete melkmengsel geleidelijk door de roomkaas tot een gladde massa. Giet het mengsel in een Ziplock - diepvrieszak van 1 gallon en dompel de afgesloten zak onder in het ijsbad. Laat staan, voeg indien nodig meer ijs toe, tot het koud is, ongeveer 30 minuten.

g) Invriezen Haal het bevroren bakje uit de vriezer, zet uw ijsmachine in elkaar en zet hem aan. Giet de yoghurtbasis in het blikje en draai tot het dik en romig is.

h) Werk snel en verpak de bevroren yoghurt in een opslagcontainer, waarbij u lagen bevroren yoghurt, cake, streusel en rabarbersaus afwisselt. Druk een vel perkament direct tegen het oppervlak en sluit het af met een luchtdicht deksel.

i) Bevries in het koudste deel van uw vriezer tot het stevig is, minimaal 4 uur.

SORBET

30. Bellini-sorbet

Maakt ongeveer 1 kwart

Ingrediënten:

- 4 rijpe perziken (ongeveer 1¾ pond), geschild, ontpit en gepureerd in een keukenmachine
- ⅔ kopje suiker
- ¼ kopje lichte glucosestroop
- ⅔ kopje witte Bourgogne
- 3 eetlepels vers citroensap

Routebeschrijving:

a) Koken Combineer de gepureerde perziken, suiker, glucosestroop, wijn en citroensap in een middelgrote pan en breng aan de kook, al roerend tot de suiker is opgelost. Doe het in een middelgrote kom en laat afkoelen.

b) Chill Plaats de sorbetbasis in de koelkast en laat minimaal 2 uur afkoelen.

c) Invriezen Haal het bevroren bakje uit de vriezer, zet uw ijsmachine in elkaar en zet hem aan. Giet de sorbetbasis in het busje en draai totdat het de consistentie heeft van heel zacht slagroom.

d) Verpak de sorbet in een opslagcontainer. Druk een vel perkament direct tegen het oppervlak en sluit het af met een luchtdicht deksel. Bevries in het koudste deel van uw vriezer tot het stevig is, minimaal 4 uur.

31. Grapefruitsorbet

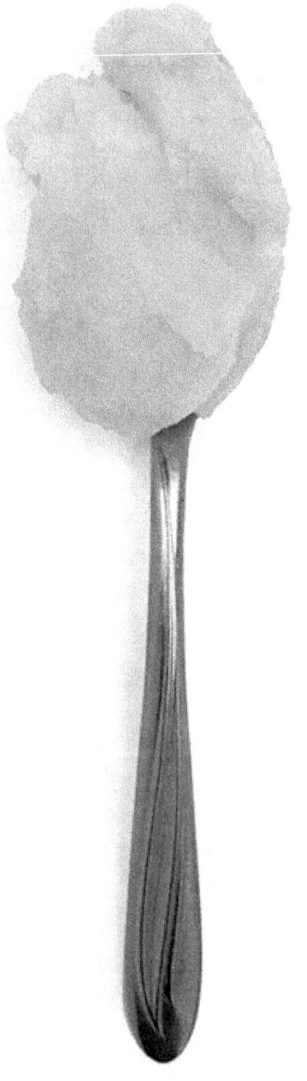

Maakt ongeveer 1 kwart

Ingrediënten:

- 4 druivenvruchten
- 3 eetlepels vers citroensap
- ½ kopje lichte glucosestroop
- ⅔ kopje suiker
- Optionele aromaten: een paar takjes dragon, basilicum of lavendel; of ½ halve vanillestokje, zaadjes verwijderd
- ¼ kopje wodka

Routebeschrijving:

a) Bereiden Verwijder met een dunschiller 3 reepjes schil van 1 grapefruit. Snijd alle druivenvruchten doormidden en pers er 3 kopjes sap uit.

b) Koken Combineer het grapefruitsap, de schil, het citroensap, de glucosestroop en de suiker in een pan van 4 liter en breng aan de kook, al roerend om de suiker op te lossen. Doe het over in een middelgrote kom, voeg de aromaten toe, indien gebruikt, en laat afkoelen.

c) Chill Verwijder de grapefruitschil. Zet de sorbetbasis in de koelkast en laat minimaal 2 uur opstijven.

d) Invriezen Haal de sorbetbodem uit de koelkast en zeef eventuele aromaten eruit. Voeg de wodka toe. Haal het bevroren bakje uit de vriezer, monteer uw ijsmachine en zet hem aan. Giet de sorbetbasis in het busje en draai totdat het de consistentie heeft van heel zacht slagroom.

e) Verpak de sorbet in een opslagcontainer. Druk een vel perkament direct tegen het oppervlak en sluit het af met een luchtdicht deksel. Bevries in het koudste deel van uw vriezer tot het stevig is, minimaal 4 uur.

f)

32. Pruimensakésorbet

Maakt ongeveer 1 kwart

Ingrediënten:

- 2 pond rijpe zwarte pruimen (ongeveer 7), ontpit maar ongeschild
- ⅔ kopje suiker
- ½ kopje lichte glucosestroop
- 1 kopje pruimensake
- 2 eetlepels vers citroensap

Routebeschrijving:

a) Bereiding Pureer de pruimen in een keukenmachine tot een gladde massa. Doe over in een middelgrote kom.

b) Koken Combineer de suiker en de glucosestroop in een pan van 4 liter en breng aan de kook, roer om de suiker op te lossen. Klop de hete suikersiroop door de gepureerde pruimen.

c) Chill Plaats het pruimenmengsel in de koelkast en laat het minimaal 2 uur afkoelen.

d) Giet het pruimenmengsel door een zeef boven een kom en voeg dan de sake en het citroensap toe.

e) Invriezen Haal het bevroren bakje uit de vriezer, zet uw ijsmachine in elkaar en zet hem aan. Giet de sorbetbasis in het busje en draai totdat het de consistentie heeft van heel zacht slagroom.

f) Verpak de sorbet in een opslagcontainer. Druk een vel perkament direct tegen het oppervlak en sluit het af met een luchtdicht deksel.

g) Bevries in het koudste deel van uw vriezer tot het stevig is, minimaal 4 uur.

33. Rode Frambozensorbet

Maakt ongeveer 1 kwart

Ingrediënten:

- 5 pinten frambozen
- 1⅓ kopjes suiker
- 1 kopje glucosestroop
- ½ kopje wodka

Routebeschrijving:

a) Bereiding Pureer de frambozen in een keukenmachine tot een gladde massa. Druk door een zeef om de zaden te verwijderen.

b) Koken Combineer de frambozenpuree, suiker en glucosestroop in een pan van 4 liter en breng aan de kook op middelhoog vuur, al roerend om de suiker op te lossen. Haal van het vuur, doe het in een middelgrote kom en laat afkoelen.

c) Chill Plaats de sorbetbasis in de koelkast en laat minimaal 2 uur afkoelen.

d) Invriezen Haal de sorbetbasis uit de koelkast en voeg de wodka toe. Haal het bevroren bakje uit de vriezer, monteer uw ijsmachine en zet hem aan. Giet de sorbetbasis in het busje en draai totdat het de consistentie heeft van heel zacht slagroom.

e) Verpak de sorbet in een opslagcontainer. Druk een vel perkament direct tegen het oppervlak en sluit het af met een luchtdicht deksel.

f) Bevries in het koudste deel van uw vriezer tot het stevig is, minimaal 4 uur.

34. Steenfruitsorbet

Maakt ongeveer 1 kwart

Ingrediënten:

- 2 pond steenvruchten (zoals 1 middelgrote perzik geschild, 2 grote pruimen, 4 abrikozen en 16 donkerrode kersen), ontpit
- ⅔ kopje suiker
- ⅓ kopje lichte glucosestroop
- ¼ kopje steenfruitwodka

Routebeschrijving:

a) Bereiding Pureer het fruit in een keukenmachine tot een gladde massa.

b) Koken Combineer het gepureerde fruit, de suiker en de glucosestroop in een pan van 4 liter en breng aan de kook, al roerend om de suiker op te lossen. Haal van het vuur, doe het in een middelgrote kom en laat afkoelen.

c) Chill Zeef het mengsel door een zeef in een andere kom. Zet in de koelkast en laat minimaal 2 uur afkoelen.

d) Invriezen Haal de sorbetbasis uit de koelkast en roer de wodka erdoor. Haal het bevroren bakje uit de vriezer, monteer uw ijsmachine en zet hem aan. Giet de sorbetbasis in het busje en draai totdat het de consistentie heeft van heel zacht slagroom.

e) Verpak de sorbet in een opslagcontainer. Druk een vel perkament direct tegen het oppervlak en sluit het af met een luchtdicht deksel. Bevries in het koudste deel van uw vriezer tot het stevig is, minimaal 4 uur.

35. Tarwegras & Vinho Verde-sorbet

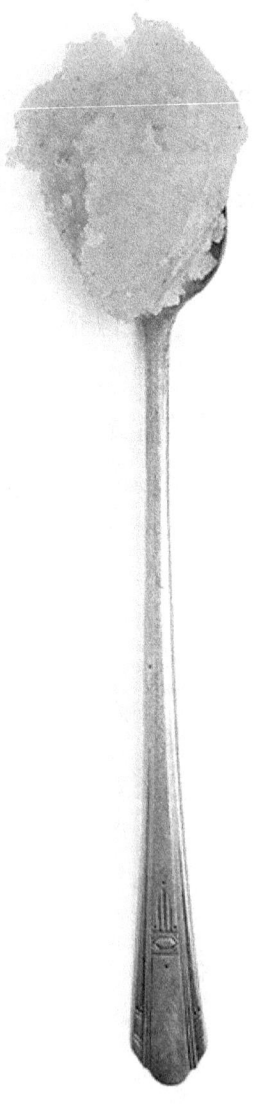

Maakt ongeveer 1 kwart

Ingrediënten:

- 2 rijpe peren, gehalveerd, klokhuis verwijderd en in blokjes gesneden
- 2 Granny Smith-appels, geschild, gehalveerd, klokhuis verwijderd en in blokjes gesneden
- $\frac{1}{2}$ kopje tarwegrassap
- $\frac{1}{2}$ kopje vinho verde
- $\frac{1}{4}$ kopje lichte glucosestroop
- 1 kopje suiker
- 1 eetlepel vers citroensap
- $\frac{1}{4}$ theelepel kurkuma

Routebeschrijving:

a) Bereiding Pureer de peren en appels in een keukenmachine tot een gladde massa. Combineer de puree, het tarwegrassap en de vinho verde in een middelgrote kom.

b) Koken Combineer de glucosestroop, suiker, citroensap en kurkuma, indien gebruikt, in een middelgrote pan en breng aan de kook, al roerend om de suiker op te lossen. Haal van het vuur en roer de peren- en appelpuree erdoor tot alles goed gemengd is. Doe het over in een middelgrote kom en laat afkoelen.

c) Chill Plaats de sorbetbasis in de koelkast en laat minimaal 2 uur afkoelen.

d) Invriezen Haal het bevroren bakje uit de vriezer, zet uw ijsmachine in elkaar en zet hem aan. Giet de sorbetbasis in het busje en draai totdat het de consistentie heeft van heel zacht slagroom.

e) Verpak de sorbet in een opslagcontainer. Druk een vel perkament direct tegen het oppervlak en sluit het af met een luchtdicht deksel. Bevries in het koudste deel van uw vriezer tot het stevig is, minimaal 4 uur.

GEBAKKEN IJSDESSERTS

36. Chocoladetaart

Voor 8 tot 10 porties

Ingrediënten:

- 1¼ kopjes ongebleekte bloem voor alle doeleinden of glutenvrije bloem
- 1¼ kopjes suiker
- ½ theelepel zuiveringszout
- ½ theelepel fijn zeezout
- 4½ ounces ongezoete chocolade (99% cacao), fijngehakt
- ¼ kopje ongezoet cacaopoeder
- 1 kopje hete koffie
- ⅔ kopje zure room
- 1 groot ei, losgeklopt
- 2 theelepels vanille-extract
- Chocoladeglazuur voor serveren
- Cacaopoeder om te bestuiven
- IJs naar keuze om te serveren

Routebeschrijving:

a) Plaats een rek in het midden van de oven en verwarm de oven voor op 325 ° F. Beboter een ronde cakevorm van 9 inch. Leg een rondje perkamentpapier op de bodem en bestrijk het met boter, bestuif de pan vervolgens met bloem en schud het overtollige eruit.

b) Meng de bloem, suiker, zuiveringszout en zout in een grote kom.

c) Combineer de chocolade en cacao. Giet de hete koffie over het mengsel en klop tot een gladde massa. Klop de zure room, het ei en de vanille erdoor. Roer het zure roommengsel door het bloemmengsel tot het net gemengd is.

d) Schep het beslag in de cakevorm en strijk de bovenkant glad met de achterkant van een lepel. Bak gedurende 40 tot 45 minuten, totdat een tandenstoker die in het midden is gestoken eruit komt met slechts een paar vochtige kruimels eraan. Laat volledig afkoelen in de pan op een rooster.

e) Keer de cake om en verwijder het perkament. Een laagje poedersuiker is alles wat deze cake nodig heeft. Of probeer het eens met een laagje Chocolate Glaze, bestrooid met cacaopoeder en geserveerd met een bolletje ijs zoals op de foto.

37. Dame taart

Voor 8 tot 12 porties

Ingrediënten:

- 1 kopje cakemeel (niet zelfrijzend), tarwedeegmeel, maizena of glutenvrije bloem
- ¼ theelepel zuiveringszout
- ½ theelepel bakpoeder
- ¾ theelepel fijn zeezout
- 6 eetlepels (¾ stokje) ongezouten boter, zacht
- ¾ kopje suiker
- 2 grote eieren, op kamertemperatuur
- 1 theelepel vanille-extract
- ¾ kopje zure room of karnemelk

Routebeschrijving:

a) Verwarm de oven voor op 325 ° F. Beboter de bodem van een ronde cakevorm van 9 inch. Bekleed met een rondje perkament en beboter het papier.

Bestuif met bloem en schud het overtollige eruit.

b) Zeef de bloem, baksoda, bakpoeder en zout tweemaal. Opzij zetten. Combineer de boter en suiker in een middelgrote kom en klop op hoge snelheid met een elektrische mixer tot het dik en bleek is, ongeveer 4 minuten, en schraap indien nodig langs de zijkanten van de kom. Voeg 1 ei toe en klop tot het goed is opgenomen. Voeg het tweede ei en de vanille toe en klop tot alles goed is opgenomen. Schraap de zijkanten van de kom naar beneden en klop het beslag tot een glad mengsel.

c) Voeg ongeveer een derde van het bloemmengsel toe en roer het voorzichtig door met een rubberen spatel. Spatel ongeveer de helft van de zure room erdoor. Voeg nog een derde van het bloemmengsel toe en spatel het erdoor, spatel vervolgens de resterende zure room erdoor en spatel tenslotte de rest van de bloem erdoor. Meng niet te veel.

d) Giet het beslag in de voorbereide pan. Bak gedurende 40 tot 50 minuten, totdat een tandenstoker die in het midden is gestoken eruit komt met een paar vochtige kruimels eraan. Laat de cake 10 minuten afkoelen in de pan op een rooster, keer de cake dan om op een rooster, verwijder het bakpapier en laat volledig afkoelen.

38. Meringuetaart

Maakt 8 porties

Ingrediënten:

- 4 grote eiwitten, op kamertemperatuur
- ¼ theelepel wijnsteencrème
- 1 kopje suiker
- Basis voor 1 batch ijs naar keuze (de dag ervoor bereid en een nacht gekoeld)

Routebeschrijving:

a) Plaats de roosters in het bovenste en onderste derde deel van de oven en verwarm de oven voor op 200 ° F. Teken een cirkel van 20 cm op elk van de twee vellen perkament, draai het papier om en bekleed twee grote bakplaten met het perkament.

b) Klop met een elektrische mixer de eiwitten in een grote kom op middelmatige snelheid tot ze net schuimig zijn, ongeveer 45 seconden.

c) Voeg de wijnsteenroom toe, verhoog de snelheid tot middelhoog en klop de eiwitten tot ze wit en dik zijn (de consistentie van scheerschuim), ongeveer 2 minuten.

d) Strooi langzaam de suiker erdoor, klop tot het is opgenomen en klop vervolgens de eiwitten tot ze stijve pieken vormen. (Zet de klopper ondersteboven: als de pieken niet hangen, zijn ze klaar.)

e) Plaats een spuitzak met een platte spuitmond van $\frac{1}{4}$ inch en vul deze met de meringue. Spuit de meringue in een spiraal, in elke getekende cirkel, beginnend vanuit het midden en naar buiten toe werkend.

f) Bak gedurende $1\frac{1}{2}$ uur, of totdat de buitenkant van de meringues glad, droog en stevig is. Zet de oven uit en laat de meringues enkele uren in de oven afkoelen.

g) Leg een stuk perkamentpapier tussen de meringues, wikkel het in plasticfolie en laat het een nacht invriezen.

h) Haal de volgende dag het bevroren bakje uit de vriezer, monteer uw ijsmachine en zet hem aan. Giet de ijsbasis in de vriezer en draai tot hij dik en romig is.

i) Als het ijs klaar is, zet u de machine uit en laat u het ijs erin zitten.

j) Haal één meringueschaal uit de vriezer en plaats deze ondersteboven op een bakplaat bekleed met perkament. Werk snel, schep en verdeel ongeveer 5 cm ijs op de meringue, tot ongeveer $\frac{1}{2}$ inch van de rand.

k) Haal de tweede meringue uit de vriezer en plaats deze er snel bovenop, met de goede kant naar boven. Zet de meringuecake terug in de vriezer en vries hem minimaal 4 uur in, maximaal 1 dag.

l) Verpak het resterende ijs in een bewaarcontainer. Druk een vel perkament direct tegen het oppervlak en sluit het af met een luchtdicht deksel. Zet het in het koudste deel van de vriezer tot het stevig is, minimaal 4 uur, en serveer het op een ander tijdstip.

m) Haal de cake uit de vriezer, snijd hem in 8 stukken en serveer onmiddellijk.

n)

39. Mochi-taart

Voor 8 tot 10 porties

Ingrediënten:

- 2 kopjes zoet rijstmeel
- 1¼ kopjes suiker
- 1¾ theelepel bakpoeder
- Snufje gemalen kaneel
- 1⅓ kopjes verdampte melk
- 1¼ kopjes ongezoete kokosmelk
- 2 grote eieren, op kamertemperatuur
- 1½ theelepel vanille-extract
- 5½ eetlepel ongezouten boter, gesmolten

Routebeschrijving:

a) Plaats een rek in het midden van de oven en verwarm de oven voor op 350 ° F. Beboter een broodvorm van 9 bij 5 inch.

b) Zeef het rijstmeel, de suiker, het bakpoeder en de kaneel in een grote kom.

c) Voeg de verdampte melk, kokosmelk, eieren, vanille en boter toe in een kom en klop om te combineren. Maak een klein kuiltje in het midden van de droge ingrediënten, giet de vloeibare ingrediënten erin en roer tot ze volledig gemengd zijn.

d) Giet het beslag in de bakvorm en bak gedurende 35 minuten.

e) Draai de cakevorm en bak ongeveer 35 minuten langer, totdat een tandenstoker die in het midden van de cake is gestoken eruit komt met een paar vochtige kruimels eraan.

f) Laat de cake in de vorm op een rooster gedurende 10 minuten afkoelen en keer hem dan om op een rooster om volledig af te koelen.

g) Snijd de mochi in blokjes van 1 inch. Smelt 1 eetlepel ongezouten boter in een grote koekenpan. Voeg de blokjes toe, laat ze goudbruin worden op de bodem en herhaal dit aan elke kant. Serveer verspreid rond ijs en fruit.

40. Grond Grits-puddingcake

Voor 8 tot 10 porties

Ingrediënten:

- 3 kopjes lauw water
- ¾ kopje steengemalen korrels
- 1¼ kopjes ongebleekte bloem voor alle doeleinden of glutenvrije bloem
- 1½ theelepel bakpoeder
- ½ theelepel fijn zeezout
- ½ pond (2 stokjes) ongezouten boter, verzacht
- 1 kopje plus 2 eetlepels suiker
- 4 grote eieren, op kamertemperatuur
- ½ kopje zure room of karnemelk
- Ancho-sinaasappel-karamelsaus om te serveren
- IJs naar keuze om te serveren

Routebeschrijving:

a) Breng het water aan de kook in een pan van 2 liter.

b) Voeg de grutten toe, onder voortdurend kloppen, en kook, onder af en toe roeren, tot ze zacht zijn en iets van de zijkanten van de pan loskomen, 25 tot 30 minuten. Haal van het vuur en laat afkoelen tot kamertemperatuur.

c) Plaats een rek in het midden van de oven en verwarm de oven voor op 350 ° F. Beboter een ovenschaal van 9 bij 13 inch.

d) Klop de bloem, het bakpoeder en het zout samen in een middelgrote kom.

e) Klop met een elektrische mixer de boter en de suiker in een grote kom licht en luchtig, ongeveer 2 minuten. Voeg de eieren één voor één toe en klop goed na elke toevoeging.

f) Klop de zure room en de korrels erdoor, voeg dan het bloemmengsel toe en klop tot het is opgenomen. Verdeel het beslag gelijkmatig in de voorbereide pan.

g) Bak de cake gedurende 35 tot 40 minuten, totdat hij goudbruin is en een tandenstoker die in het midden wordt gestoken eruit komt met een paar vochtige kruimels eraan. Breng de cake over naar een rek en laat hem 5 minuten in de pan afkoelen. Ga vervolgens met een mes langs de randen van de cake om hem los te maken, draai hem om op een rek en laat hem volledig afkoelen.

h) Serveer met een gezonde dosis Ancho-Oranje Karamelsaus en een bolletje ijs.

41. Bladtaart

Voor 8 tot 10 porties

Ingrediënten:

Deeg

- 3¾ kopjes ongebleekte bloem voor alle doeleinden
- 1½ theelepel fijn zeezout
- ¾ kopje koud plantaardig bakvet
- 12 eetlepels (1½ stokjes) ongezouten boter, in stukjes gesneden en gekoeld, of plantaardig bakvet
- ½ kopje plus 1 eetlepel ijswater
- 1 groot ei
- 1 theelepel water

Vruchtenvulling

- 3 pond appels, pruimen, perziken of kersen, in plakjes gesneden, geschild en zonder klokhuis; of rabarber, in stukken van ½ inch gesneden; of hele bramen, frambozen of bosbessen

- ½ theelepel gemalen kaneel, kardemom of nootmuskaat
- 1 eetlepel vers citroensap
- ½ kopje suiker
- ¼ kopje bloem voor alle doeleinden

Routebeschrijving:

a) Om het deeg te maken, meng je de bloem en het zout in een grote kom. Snijd met twee messen of een deegsnijder het bakvet en de boter erin tot het mengsel op grof meel lijkt. Roer het ijswater erdoor en meng goed.

b) Vorm het deeg tot een bal en kneed het een paar seconden lichtjes met de muis van je hand op een werkoppervlak om de vetten gelijkmatig te verdelen. Verdeel het deeg in tweeën.

c) Vorm van elke helft een bal, druk deze plat tot een schijf en wikkel deze in plasticfolie. Zet minimaal 1 uur in de koelkast.

d) Om de vulling te maken, doe je intussen het fruit in een grote kom, voeg je alle resterende ingrediënten toe en roer tot het fruit gelijkmatig bedekt is.

e) Verwarm de oven voor op 350 ° F.

f) Wanneer het deeg een uur heeft gerust, bestrooit u het werkoppervlak lichtjes met bloem en rolt u een stuk deeg uit tot een rechthoek van 12 bij 16 inch.

g) Rol het deeg op de deegroller en breng het over naar een kwart bakvorm, centreer het in de pan en druk het deeg tegen de randen.

h) Giet de vulling in de pan en verdeel het in een dunne laag.

i) Rol het tweede stuk deeg uit tot de grootte van uw kwart bakvorm. Maak er met een koekjesvormpje een paar gaatjes in, zodat de stoom kan ontsnappen, of prik meerdere keren in het deeg met een vork.

j) Plaats deze over de vulling. Vouw de randen van de onderste korst over de bovenste korst. Klop het ei los met 1 theelepel water om een eierwas te maken en bestrijk het over de bovenkant van de korst.

k) Bak gedurende 45 minuten, of tot het gelijkmatig bruin is en de randen extra goudbruin zijn geworden.

l) Serveer onmiddellijk, of laat afkoelen op een rooster en serveer warm of op kamertemperatuur.

42. Franse ijstaartjes

Voor 12 taarten

Ingrediënten:

- 1 portie suikerdeeg (recept volgt)
- Ongeveer 1 liter ijs naar keuze, zoals Salty Vanilla Frozen Custard
- ½ kopje abrikozenjam, in de winkel gekocht of zelfgemaakt
- 3 pinten vers fruit naar keuze, gekoeld
- Slagroom (optioneel)

Routebeschrijving:

a) Verwarm de oven voor op 350 ° F. Knip 12 perkamentcirkels uit en bekleed ze met twaalf taartvormen van 10 cm.

b) Rol het deeg ongeveer ⅛ inch dik uit. Knip twaalf rondjes van 5 inch uit. Verdeel elke ronde in een taartvorm. Plaats op een bakplaat.

c) Bak gedurende 20 minuten, tot ze goudbruin zijn. Laat volledig afkoelen op een rooster, haal de taartbodems uit de blikken en zet ze minimaal 30 minuten in de vriezer.

d) Haal de taartbodems uit de vriezer, vul ze voor de helft met vers gemaakt of zacht ijs en zet ze terug in de vriezer gedurende minimaal 1 uur. Meng het gekoelde fruit met de abrikozenjam.

e) Haal de taartschelpen uit de vriezer en leg er stapels of patronen van geglazuurd fruit en slagroom op. Dienen.

43. Suikerdeeg

Voldoende voor 12 handtaartjes of Piekies

Ingrediënten:

- 1½ kopjes ongebleekte bloem voor alle doeleinden
- ⅓ kopje suiker
- 8 eetlepels (1 stokje) ongezouten boter, in blokjes van ½ inch gesneden en gekoeld
- 2 ons (4 eetlepels) roomkaas
- 2 grote eidooiers, lichtgeklopt
- 2 eetlepels zeer koude slagroom

Routebeschrijving:

a) Doe de bloem, suiker, boter en roomkaas in een keukenmachine en pulseer tot het mengsel op amandelmeel lijkt.

b) Voeg de eidooiers en de room toe en pulseer (of blijf met je handen mengen tot het gelijkmatig gemengd is).

c) Verdeel het deeg in tweeën. Kneed de helft van het deeg tot het samenkomt in een bal en druk het vervolgens in een platte schijf van ongeveer 5 cm dik. Doe hetzelfde met de tweede helft.

d) Verpak elke portie deeg in plasticfolie en laat het minimaal 1 uur afkoelen voordat u het gebruikt.

44. Piekies

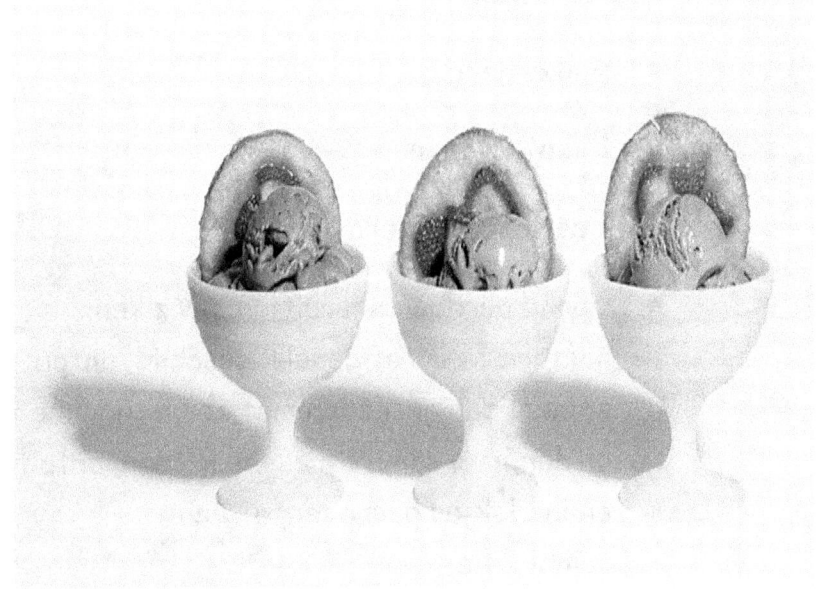

Voor 12 tot 24 Piekies

Ingrediënten:

- Suikerdeeg
- 1 kopje suiker
- 1 eetlepel maizena
- 1 pond aardbeien, pruimen, perziken, nectarines en/of appels, geschild, ontpit en heel dun gesneden met een mandoline of een heel scherp mes, of kersen, ontpit en in blokjes gesneden, of een combinatie

Routebeschrijving:

a) Verwarm de oven voor op 350 °F. Beboter twee bakplaten of bekleed ze met bakpapier.

b) Rol het deeg ongeveer $\frac{1}{8}$ inch dik uit. Snijd met een koekjes- of koekjesvormer cirkels van $2\frac{1}{2}$ tot 3 inch en plaats deze op de bakplaten.

c) Meng de suiker en het maizena in een kleine kom. Bestrijk elk schijfje fruit royaal door het in het suikermengsel te dopen en het te bedekken.

d) Leg een plakje in het midden van een deegcirkel en leg er extra fruitplakken omheen . Overlap het fruit indien nodig. Herhaal met al het resterende deeg en fruit.

e) Bak gedurende 25 minuten, tot ze goudbruin zijn. Haal het uit de oven en laat het 2 minuten afkoelen op de pan, doe het dan op een rooster en laat het volledig afkoelen.

f) Serveer direct naast je favoriete ijsje of bewaar het maximaal 3 dagen in de koelkast.

45. Appel Rabarber Bette

Maakt 9 porties

Ingrediënten:

- 1 pond Honeycrisp- of Pink Lady-appels, geschild, klokhuis verwijderd en in plakjes gesneden
- 1 pond rabarber, bijgesneden en in plakjes van ¼ inch gesneden
- ¼ theelepel gemalen kaneel
- ⅛ theelepel gemalen nootmuskaat
- ½ theelepel fijn zeezout
- 2 eetlepels vers citroensap
- 1 kopje suiker
- 1 eetlepel ongebleekte bloem voor alle doeleinden
- 10 ons croissants of brioche (korsten verwijderd), gesneden in dobbelstenen van 1 inch (ongeveer 4½ kopjes)
- 12 eetlepels (1½ stokjes) ongezouten boter, gesmolten

Routebeschrijving:

a) Verwarm de oven voor op 375 ° F. Beboter een ovenschaal van 8 bij 8 inch.

b) Combineer de appels en rabarber in een middelgrote kom. Voeg de kaneel, nootmuskaat, zout, citroensap, $\frac{3}{4}$ kopje suiker en de bloem toe en roer tot de suiker is opgelost en het gesneden fruit volledig bedekt is.

c) Combineer het brood en de resterende $\frac{1}{4}$ kopje suiker in een andere middelgrote kom. Giet een half kopje gesmolten boter over het brood en roer het voorzichtig door elkaar, zodat de blokjes grotendeels intact blijven.

d) Om de Bette samen te stellen, verdeel je tweederde van het fruit over de bodem van de ovenschaal. Verdeel een derde van het brood over het fruit. Herhaal met het resterende fruit en brood.

e) Giet de resterende $\frac{1}{4}$ kopje boter erover en dek af met aluminiumfolie. Bak gedurende 40 minuten. Verwijder de folie en bak nog 10 tot 15 minuten tot ze bruin zijn. Serveer warm uit de oven.

46. Bosbessen schoenmaker

Maakt 9 porties

Ingrediënten:

- $2\frac{1}{2}$ pond bosbessen
- 1 kopje suiker
- $\frac{1}{4}$ theelepel fijn zeezout
- Sap van 1 citroen
- $\frac{1}{2}$ deeg voor Sweet Cream Shortcakes

Routebeschrijving:

a) Beboter een bakvorm van 8 bij 8 inch.

b) Combineer de bosbessen met de suiker, het zout en het citroensap in een middelgrote kom en roer goed door.

c) Voeg toe aan de voorbereide pan. Schep het beslag over het fruit en maak zo 9 gelijke koekjes.

d) Verwarm de oven voor op 375 ° F.

e) Bak de schoenmaker gedurende 35 minuten, totdat de bovenkant van de koekjes goudbruin is en de bessen borrelen.

f) Haal uit de oven en laat iets afkoelen voordat je het serveert.

47. Peren- en bramenkrokant

Maakt 9 porties

Ingrediënten:

Streusel

- ¾ kopje ongebleekte bloem voor alle doeleinden
- ¼ kopje verpakte donkerbruine suiker
- ¼ theelepel gemalen kaneel
- ⅛ theelepel gemalen nootmuskaat
- 5 eetlepels ongezouten boter, in blokjes gesneden en gekoeld
- ¾ kopje gesneden amandelen, geschaafde ongezoete kokosnootvlokken of haver

Vruchtenvulling

- 1 pond Comice- of Bartlett-peren (ongeveer 2 peren), geschild, klokhuis verwijderd en in partjes van ½ inch dik gesneden
- 2 kopjes bramen
- ¾ kopje suiker

- 2 eetlepels bloem voor alle doeleinden
- $\frac{1}{4}$ theelepel gemalen kaneel
- $\frac{1}{8}$ theelepel geraspte nootmuskaat
- $\frac{1}{2}$ theelepel fijn zeezout
- 2 eetlepels boter

Routebeschrijving:

a) Verwarm de oven voor op 325 ° F.

b) Om de streusel te maken, meng je de bloem, suiker, kaneel en nootmuskaat in een kleine kom. Voeg de boter toe en wrijf het met je vingertoppen totdat het mengsel op grof meel lijkt.

c) Voeg de amandelen toe en wrijf het mengsel met je vingertoppen tot er kleine klontjes ontstaan. Verspreid op een bakplaat.

d) Bak de streusel gedurende 20 minuten. Maak het los met een vork en bak eventueel nog een paar minuten langer, tot het goudbruin is.

e) Haal uit de oven en laat afkoelen. Verhoog de oventemperatuur tot 375 ° F.

f) Beboter een ovenschaal van 8 bij 8 inch. Meng de peren, bessen, suiker, bloem, kruiden en zout in een grote kom.

g) Breng over naar het voorbereide gerecht. Bestrijk met de boter. Verdeel de streusel gelijkmatig over de bovenkant.

h) Bak ongeveer 45 minuten, tot de vruchtensappen borrelen en dikker worden en de streusel diepbruin is. Laat iets afkoelen voordat u het serveert.

48. Bauerhuiskoekjes

Voor ongeveer 13 koekjes

Ingrediënten:

- ¼ ounce (1 pakje) actieve droge gist
- ¼ kopje lauw water (105° tot 115°F)
- 2 eetlepels suiker
- 3¼ kopjes zelfrijzend bakmeel, bij voorkeur witte lelie gebleekt
- 6 eetlepels (¾ stokje) koude ongezouten boter, in eetlepels gesneden
- 1 kopje karnemelk, op kamertemperatuur
- 2 eetlepels gezouten boter, zacht, voor de bovenkant van de koekjes

Routebeschrijving:

a) Combineer de gist, lauw water en 1 theelepel suiker in een middelgrote kom. Zet opzij totdat de gist er schuimig uitziet, ongeveer 10 minuten.

b) Roer de bloem en de resterende 5 theelepels suiker door elkaar in een grote kom.

c) Gebruik een deegsnijder of twee messen om de boter erin te snijden totdat het mengsel er melig uitziet.

d) Roer de karnemelk door de opgeloste gist. Roer met een vork het bloemmengsel erdoor tot het vochtig is en je een ruig deeg krijgt.

e) Dek af en zet het een nacht in de koelkast, of maximaal 3 dagen.

f) Haal het deeg uit de koelkast en kneed het kort, ongeveer 8 slagen, totdat het samenkomt en het oppervlak er glad uitziet.

g) Rol het op een heel licht met bloem bestoven oppervlak uit tot een rechthoek van 7 bij 11 inch van ongeveer $\frac{3}{4}$ inch dik, waarbij u de deegroller indien nodig spaarzaam bebloemt. Veeg overtollige bloem van het deeg en vouw het ene korte uiteinde over het midden van het deeg en vouw vervolgens het andere uiteinde om zodat het deeg in drieën wordt gevouwen.

h) Draai het deeg een slag zodat het korte uiteinde naar je toe wijst en rol het uit tot een dikte van ongeveer ¾ inch. Veeg overtollige bloem weg en vouw het deeg opnieuw in drieën.

i) Draai het deeg opnieuw en rol het voorzichtig uit tot ongeveer ½ inch dik; de voltooide rechthoek zal ongeveer 7 bij 11 inch zijn.

j) Steek met een ronde uitsteker van 2 inch 13 koekjes uit. Zorg ervoor dat het deeg nog steeds erg koud is (koel het indien nodig), zodat de snijder netjes snijdt; als het deeg te zacht is, kan de uitsteker de zijkanten dichtplakken en zullen de koekjes niet rijzen.

k) Schik de koekjes in een niet ingevette ronde taartvorm van 23 cm, 10 aan de buitenkant en 3 in het midden. Verzamel de restjes, rol ze uit en snijd nog meer koekjes.

l) Doe deze in een kleinere pan als traktatie voor jou of je kleintjes; ze zien er niet perfect uit, maar ze smaken nog steeds lekker.

m) Bedek de koekjes met een vochtige, pluisvrije handdoek en laat ze op een warme plaats (ongeveer 25°C) rijzen tot ze in volume verdubbeld zijn, ongeveer 2 uur.

49. Zoete Room Shortcakes

Voor 9 tot 12 porties

Ingrediënten:

- 3 kopjes zelfrijzend bakmeel, bij voorkeur Witte Lelie
- 4 eetlepels koude ongezouten boter
- 2⅔ kopjes slagroom

Routebeschrijving:

a) Verwarm de oven voor op 450 ° F. Beboter een kwart vel pan.

b) Doe de bloem en de koude boter in een keukenmachine en pulseer 15 keer. Voeg de room toe en pulseer tot het deeg samenkomt in een ruige puinhoop.

c) Leg het deeg op een licht met bloem bestoven oppervlak en druk het samen.

d) Vouw het deeg dubbel en vouw het vervolgens twee of drie keer over zichzelf heen, totdat het niet meer klontert. Verdeel het deeg over de pan; het verspreidt zich gemakkelijk, dus u kunt uw handen gebruiken.

e) Bak gedurende 20 tot 25 minuten, of tot ze licht goudbruin zijn. Haal de cake uit de oven en laat afkoelen op een rooster.

50. Chocoladetruffelkoekjes

Voor ongeveer 16 koekjes

Ingrediënten:

- 8 eetlepels (1 stokje) ongezouten boter
- 8 ons pure chocolade (64% cacao of meer), grof gehakt
- ½ kopje ongebleekte bloem voor alle doeleinden of glutenvrije bloem
- 2 eetlepels Nederlands verwerkt cacaopoeder (99% cacao)
- ¼ theelepel fijn zeezout
- ¼ theelepel zuiveringszout
- 2 grote eieren, op kamertemperatuur
- ½ kopje suiker
- 2 theelepels vanille-extract
- 1 kop pure chocoladestukjes (64% cacao of hoger)

Routebeschrijving:

a) Smelt de boter en de pure chocolade in een dubbele boiler op laag vuur, af en toe roerend tot ze volledig gesmolten zijn. Volledig afkoelen.

b) Meng de bloem, het cacaopoeder, het zout en het zuiveringszout in een kleine kom. Opzij zetten.

c) Klop met een elektrische mixer de eieren en de suiker in een grote kom op hoge snelheid tot ze licht en luchtig zijn, ongeveer 2 minuten. Voeg de vanille toe, voeg vervolgens de gesmolten chocolade en boter toe en klop 1 tot 2 minuten tot alles gemengd is.

d) Schraap de zijkanten van de kom naar beneden en roer met een grote rubberen spatel de droge ingrediënten erdoor tot ze zijn opgenomen. Vouw de chocoladestukjes erdoor. Dek af met plasticfolie en zet minimaal 4 uur in de koelkast.

e) Plaats een rek in het midden van de oven en verwarm de oven voor op 325 ° F. Bekleed een bakplaat met bakpapier.

f) Maak je handen nat met water en rol het deeg in balletjes van 2 inch, plaats ze ongeveer 5 centimeter uit elkaar op de beklede bakplaat. Werk snel, en als u de koekjes in batches bakt, bewaar het resterende deeg dan tussen de rondes in de koelkast.

g) Bak gedurende 12 tot 13 minuten, totdat de randen iets zijn gestegen en het midden grotendeels is uitgehard. Haal het uit de oven en laat het minimaal 10 minuten afkoelen op de pan, doe het dan op een rooster en laat het volledig afkoelen.

Voor het samenstellen van ijssandwiches

h) Leg de koekjes op een bakplaat en vries ze 1 uur in. Maak 1 liter ijs zacht tot het schepbaar is. Ik houd het graag simpel en gebruik Sweet Cream Ice Cream , maar je kunt elke smaak gebruiken die je wilt.

i) Haal de koekjes uit de vriezer en schep snel, snel werkend, 2 tot 4 ons ijs op een koekje. Maak het ijs glad door er nog een koekje op te leggen. Herhalen.

j) Als je klaar bent met het samenstellen van alle sandwiches, leg ze dan minimaal 2 uur in de vriezer om uit te harden.

51. Havermoutroomsandwiches

Voor 24 koekjes

Ingrediënten:

- 1½ kopjes ongebleekte bloem voor alle doeleinden
- 2 kopjes snelkokende haver (instant havermout)
- 1 theelepel zuiveringszout
- ¼ theelepel gemalen kaneel
- ½ pond (2 stokjes) ongezouten boter, verzacht
- 1½ kopjes verpakte lichtbruine suiker
- ¾ theelepel fijn zeezout
- 1 theelepel vanille-extract
- 2 grote eieren, op kamertemperatuur
- 1 liter boerenkaas- en guavejam-ijs , of ander ijs naar keuze

Routebeschrijving:

a) Plaats een rek in het midden van de oven en verwarm de oven voor op 325 ° F. Bekleed twee bakplaten met perkament.

b) Doe de bloem, haver, baking soda en kaneel in een kom en meng goed. Klop met een elektrische mixer de boter in een grote kom tot een gladde en romige massa.

c) Voeg de suiker en het zout toe en klop tot het mengsel licht van kleur en luchtig is; Schraap indien nodig de zijkanten van de kom af. Voeg het vanille-extract toe en klop het gewoon door elkaar.

d) Voeg de eieren één voor één toe en klop goed na elke toevoeging. Het beslag moet glad en romig zijn.

e) Voeg de helft van de droge ingrediënten toe en mix op lage snelheid tot alles net gemengd is. Voeg de resterende bloem toe en meng tot alles gemengd is. Zorg ervoor dat u het deeg niet te veel bewerkt.

f) Gebruik een schep van 1 ounce om het deeg op de bakplaten te verdelen, met een onderlinge afstand tussen de koekjes.

g) Maak de koekjes iets plat met de muis van je hand of met de achterkant van een houten lepel.

h) Bak de koekjes gedurende 7 minuten. Draai de pan en bak nog 4 tot 6 minuten, of totdat de koekjes heel lichtbruin zijn aan de randen, maar nauwelijks in het midden vastzitten.

i) Laat de koekjes 10 minuten afkoelen op de bakplaat. Stapel ze vervolgens in een container of in een Ziplock - diepvrieszak van 1 gallon en vries ze 2 uur in.

j) Om de crèmesandwiches samen te stellen, plaatst u 3 bevroren koekjes op een bakplaat. Doe een ronde schep (2 tot 3 ounces) licht verzacht ijs op elk koekje.

k) Leg er nog drie koekjes op en druk de twee koekjes samen totdat het ijs plat wordt en de buitenranden raakt.

l) Plaats de volledig samengestelde slagroomsandwiches terug in de vriezer en herhaal met de resterende koekjes.

52. Slagroomsoesjes & Eclairs Ringcake

Voor 6 tot 12 porties

Ingrediënten:

- 1 kopje lauw water
- 4 eetlepels (½ stokje) ongezouten boter, in stukjes gesneden
- 1 kopje ongebleekte bloem voor alle doeleinden of glutenvrije bloem
- 4 grote eieren, op kamertemperatuur
- Zoute vanille bevroren vla of zoute geitenmelk chocolade bevroren vla
- Chocoladeglazuur (gebruik 4 eetlepels volle melk)

Routebeschrijving:

a) Verwarm de oven voor op 400 ° F.

b) Combineer het water en de boter in een middelzware pan en breng al roerend aan de kook om de boter te laten smelten. Giet alle bloem erbij en meng tot het mengsel een bal vormt.

c) Haal van het vuur en klop de eieren één voor één erdoor met een elektrische mixer.

Voor slagroomsoesjes

d) Schep zes individuele hoopjes deeg van 10 cm op een niet-ingevette bakplaat (maak voor kleinere trekjes twaalf hopen van 2 inch). Bak tot ze goudbruin zijn, ongeveer 45 minuten. Haal uit de oven en laat afkoelen.

Voor Eclairs

e) Plaats een spuitzak met een platte punt van $\frac{1}{4}$ inch en spuit vervolgens zes tot twaalf 4-inch reepjes op een niet ingevette bakplaat. Bak tot ze goudbruin zijn, ongeveer 45 minuten. Haal uit de oven en laat afkoelen.

Voor een ringcake

f) Laat zelfs lepels deeg op een niet-ingevette bakplaat vallen om een ovaal van 30 cm te maken. Bak tot ze goudbruin zijn, 45 tot 50 minuten. Haal uit de oven en laat afkoelen.

Verzamelen

g) Bereid het glazuur voor. Snijd de slagroomsoesjes, éclairs of ringcake doormidden. Vul met het ijs en plaats de bovenkant(en) er weer op.

h) Voor slagroomsoesjes doopt u de bovenkant van elk soesje in de chocolade. Voor éclairs schep je het glazuur er royaal overheen. Roer voor de ringcake nog eens 5 eetlepels melk door het glazuur; Sprenkel dit over de ringcake.

i) Voor het serveren legt u de gebakjes of plakjes cake op borden.

53. Kataifi-nesten

Maakt 18 tot 24 nesten

Ingrediënten:

- ½ pond (2 stokjes) ongezouten boter
- 1 kopje honing
- Eén pakket bevroren kataifi van 1 pond
- zeezout

Routebeschrijving:

a) Verwarm de oven voor op 375 °F.

b) Combineer de boter en honing in een grote pan en verwarm op middelhoog vuur, roer tot de boter is gesmolten. Klop om te combineren en zet opzij.

c) Vouw de kataifi open op een aanrechtblad. Pak het ene uiteinde van een bundel strengen van ongeveer ½ inch dik met één hand en gebruik je andere hand om de kataifi om de vingers (maar niet de duim) te wikkelen van de hand die de kataifi vasthoudt. Wanneer je de kataifi bijna volledig om je vingers hebt gewikkeld, draai je het losse uiteinde in het nest om het vast te zetten en plaats je het op een niet ingevette bakplaat. Herhaal met de resterende kataifi.

d) Bak 10 tot 15 minuten, of tot ze goudbruin zijn. Haal de nestjes uit de oven en bestrijk/dep ze met de honingboter. Bestrooi elk stuk met een paar vlokken zout.

e) Bij kamertemperatuur blijven de nesten maximaal 3 dagen vers.

f) Serveer warm of koel met een bolletje Mango Lassi Frozen Yogurt , of een ander bevroren yoghurt of ijsje.

g)

54. Gietijzeren pannenkoek

Voor 8 tot 10 porties

Ingrediënten:

- 4 eetlepels (½ stokje) ongezouten boter
- 4 grote eieren, op kamertemperatuur
- ¾ kopje ongebleekte bloem voor alle doeleinden
- ¾ kopje volle melk
- Snufje fijn zeezout
- 3 eetlepels gezouten boter, gesmolten
- Poedersuiker
- 1 citroen

Routebeschrijving:

a) Verwarm de oven voor op 425 ° F.

b) Doe de ongezouten boter in een gietijzeren koekenpan van 25 cm en plaats deze in de oven om de pan voor te verwarmen en de boter te smelten.

c) Klop ondertussen de eieren in een kom, voeg dan de bloem, melk en zout toe en roer tot alles gemengd is; het beslag moet nog klonterig zijn.

d) Als de oven is voorverwarmd, verwijder dan voorzichtig de hete pan (met behulp van ovenwanten) en giet het beslag erin. Zet de pan onmiddellijk terug in de oven en bak gedurende 20 minuten, of totdat de pannenkoek opgezwollen en goudbruin is.

e) Haal het uit de oven en giet de gesmolten gezouten boter erover. Bestrooi met de poedersuiker en wat citroenschil (gebruik een Microplane-rasp) en knijp er wat citroensap over.

f) Snijd, bestrooi met meer poedersuiker en serveer onmiddellijk met ijs of bevroren yoghurt.

55. Peoria maïsbeignets

Serveert 8 tot 10

Ingrediënten:

- 5 kopjes plantaardige olie, om te frituren
- 2 kopjes poedersuiker
- 2 oren verse maïs, of 1½ kopje ontdooide bevroren maïs
- 3 grote eieren
- 1½ kopje hele of 2% melk
- 2½ kopjes ongebleekt zelfrijzend bakmeel

Routebeschrijving:

a) Verhit de olie in een pan van 4 liter op middelhoog vuur tot een temperatuur van 365 °F.

b) Doe de poedersuiker in een grote kom en zet opzij.

c) Als u verse maïskolven gebruikt, snijdt u de korrels van de kolf en 'melkt' u de kolf door met de achterkant van uw mes te schrapen om de vloeistof eruit te halen;

Bewaar 1½ kopje van de korrels en vloeistof.

d) Breek de eieren in een middelgrote kom en klop ze met een vork tot ze gelijkmatig geel zijn.

e) Voeg de melk toe en klop met de vork tot deze is opgenomen. Voeg de bloem toe en meng goed, voeg dan de maïs toe en meng tot een mengsel.

f) Wanneer de olie een temperatuur van 365°F heeft bereikt, of wanneer een druppel beslag naar de bodem zakt en snel weer omhoog drijft met rondom belletjes, laat dan 3 lepels beslag in de olie vallen, één voor één en gelijkmatig verdeeld.

g) Bak de beignets gedurende 4 minuten, draai ze om en bak nog eens 4 minuten, tot ze diep goudbruin zijn.

h) Haal het met een schuimspaan uit de olie, laat een paar seconden uitlekken op keukenpapier en bagger de poedersuiker erdoor. Herhaal dit tot je al het beslag op hebt. Serveer warm.

56. Wafels op de Noordmarkt

Voor 8 tot 10 porties

Ingrediënten:

- 2½ kopjes volle melk
- ½ pond (2 stokjes) ongezouten boter, in 16 stukken gesneden
- 3 kopjes ongebleekte bloem voor alle doeleinden of glutenvrije bloem
- 1 kopje volkoren meel of glutenvrije bloem
- 2 eetlepels suiker
- 2 theelepels fijn zeezout
- 1 eetlepel instantgist
- 4 grote eieren, op kamertemperatuur
- 2 theelepels vanille-extract

Routebeschrijving:

a) Meng de bloem, suiker, zout en gist in een grote kom. Voeg het melkmengsel toe en klop tot een gladde massa.

b) Klop de eieren en de vanille in een kleine kom tot ze gecombineerd zijn, voeg dan toe aan het beslag en klop tot het is opgenomen. Schraap de zijkanten van de kom schoon met een rubberen spatel en roer tot een gladde massa.

c) Bedek de kom met plasticfolie en zet deze minimaal 12 uur en maximaal 24 uur in de koelkast.

d) Verwarm je wafelijzer (let altijd op de instructies van de fabrikant). Haal het wafelbeslag uit de koelkast. Het beslag zal leeglopen; klop het om opnieuw te combineren.

e) Gebruik ongeveer $\frac{1}{2}$ kopje beslag per wafel in een rond strijkijzer van 7 inch of ongeveer 1 kopje in een strijkijzer van 9 bij 9 inch.

f) Bak de wafels gedurende 4 minuten, of tot ze goudbruin maar niet bruin zijn en niet gekarameliseerd of geroosterd.

g) Serveer onmiddellijk, of houd ze warm in een enkele laag op een rooster in een oven van 200 ° F terwijl je de resterende wafels bakt.

57. Zoete Empanadas

Voor 10 tot 12 empanadas

Ingrediënten:

Deeg

- 3 kopjes ongebleekte bloem voor alle doeleinden
- 3 eetlepels suiker
- ¾ theelepel fijn zeezout
- ½ kopje reuzel of plantaardig bakvet van hoge kwaliteit
- 1 groot ei, losgeklopt
- 1 kopje karnemelk

Vulling

- 1 pond appels, perziken, pruimen of abrikozen, geschild, zonder klokhuis of ontpit, en in blokjes gesneden, of 1 pond bosbessen, bramen of frambozen
- ½ kopje suiker
- ¼ theelepel fijn zeezout
- 2 eetlepels citroensap

- 1 theelepel maizena
- Plantaardige olie om te frituren

Routebeschrijving:

a) Om het deeg te maken, combineer de bloem, suiker, zout en reuzel in een keukenmachine en pulseer 10 tot 15 keer totdat het mengsel op grove kruimels lijkt, met wat grotere reuzelvlokken er doorheen.

b) Voeg het losgeklopte ei toe, roer voorzichtig met een vork, voeg dan de karnemelk toe en roer voorzichtig totdat alles samenkomt. Vorm het deeg tot een bal en wikkel het in plasticfolie. Zet minimaal 1 uur in de koelkast.

c) Om de vulling te maken, combineer het fruit, de suiker, het zout, het citroensap en het maizena in een middelgrote pan en kook op middelhoog vuur, al roerend tot het mengsel iets is ingedikt. Haal van het vuur en laat afkoelen.

d) Om de empanadas samen te stellen, rolt u het deeg op een met bloem bestoven oppervlak uit tot een grote rechthoek van ongeveer $\frac{1}{8}$ inch dik. Gebruik een koekjesvormer van 4 of 5 inch om 10 tot 12 cirkels uit het vel te snijden.

e) Verzamel alle overgebleven stukjes losjes, kneed stevig totdat het deeg weer samenkomt, rol het uit zoals voorheen en snijd extra cirkels; herhaal indien nodig.

f) Plaats 2 tot $2\frac{1}{2}$ eetlepels vulling in het midden van een deegronde. Vouw het deeg dubbel en knijp de randen goed dicht. Herhaal met de overige rondjes en vulling.

g) Verhit de plantaardige olie tot 365 °F in een grote diepe pan. Bak de empanadas in batches, één keer draaiend, gedurende 2 tot 4 minuten per kant, tot het deeg rijk goudbruin is.

h) Laat ze uitlekken op keukenpapier en doe ze op een bord in een warme oven terwijl je de rest van de empanadas kookt. Serveer warm.

58. IJsbroodpudding

Voor 8 tot 10 porties

Ingrediënten:

- 3 kopjes brioche , grof gescheurd
- 4 grote eieren, op kamertemperatuur
- 1 pint overgebleven vanille-ijs, gesmolten
- ¾ kopje lauw water
- 1 kopje suiker
- Whisky Karamelsaus

Routebeschrijving:

a) Verwarm de oven voor op 350 ° F.

b) Plaats de brioche in een ovenschaal van 9 bij 13 inch. Klop de eieren los in een grote kom. Voeg het gesmolten ijs, het water en de suiker toe en meng goed. Giet het mengsel over de brioche en laat 15 minuten staan.

c) Bak gedurende 35 minuten, of totdat de bovenkant er gekarameliseerd uitziet. Haal uit de oven, overgiet met de saus en serveer warm.

59. Bananen bevorderen

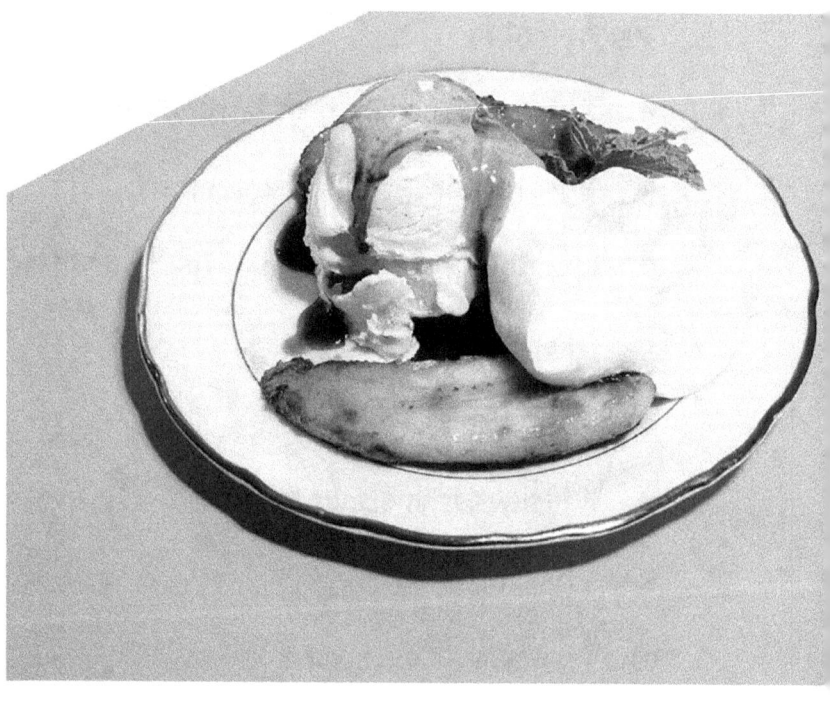

Maakt 8 porties

Ingrediënten:

- 4 eetlepels (½ stokje) ongezouten boter, zacht
- ½ kopje verpakte donkerbruine suiker
- 2 eetlepels bananenlikeur
- 4 middelgrote, iets onderrijpe bananen, gehalveerd op de diameter en vervolgens in de lengte gehalveerd
- ½ kopje cognac
- Snufje fijn zeezout
- Zoute Vanille Bevroren Vla

Routebeschrijving:

a) Smelt de boter in een 10-inch zware koekenpan op laag vuur. Voeg de bruine suiker toe en roer tot deze gelijkmatig bevochtigd is. Voeg de bananenlikeur toe en breng aan de kook.

b) Voeg de bananen toe en bak, één keer draaiend, ongeveer 30 seconden aan elke kant, terwijl je voorzichtig de saus over de bananen lepelt terwijl ze koken.

c) Gebruik een grote spatel met gleuven om de bananen te verwijderen en verdeel ze over acht kommen, waarbij je zoveel mogelijk van de saus in de pan laat.

d) Breng de saus aan de kook en voeg voorzichtig de cognac toe. Als de saus erg heet is, zal de alcohol ontbranden en vervolgens kortstondig opbranden; Als dit niet het geval is, laat het dan 3 tot 4 minuten sudderen, totdat de saus wat dikker wordt en stroperig wordt. Voeg het zout toe en roer.

e) Schep de hete saus over de bananen en serveer direct met een bolletje ijs.

60. Gepocheerd fruit

Maakt 8 porties

Ingrediënten:

- 1 fles witte of rode wijn, of 3 kopjes water

- 2 kopjes suiker

- Specerijen of kruiden naar wens (ik hou van steranijs in de winter, zoete basilicum in de zomer)

- 4 grote peren of perziken, of 8 pruimen, geschild, gehalveerd en ontpit, of 16 middelgrote abrikozen, gehalveerd en ontpit, of 50 kersen (ongeveer 1 pond), ontpit

Routebeschrijving:

a) Combineer de wijn, suiker en specerijen of kruiden, indien gebruikt, in een pan van 4 liter en verwarm tot net onder de kook op laag vuur, al roerend om de suiker op te lossen.

b) Plaats het voorbereide fruit voorzichtig in de warme pocheervloeistof en kook, waarbij u het fruit indien nodig in de vloeistof draait, tot het zacht is.

c) Haal het fruit met een schuimspaan voorzichtig uit het stroperingsvocht en serveer het warm, of laat het afkoelen op een bord.

d) Nadat het fruit is afgekoeld, kan het fruit in een luchtdichte verpakking, afgedekt met de stroperijvloeistof, maximaal 3 dagen in de koelkast worden bewaard.

61. J-Bars

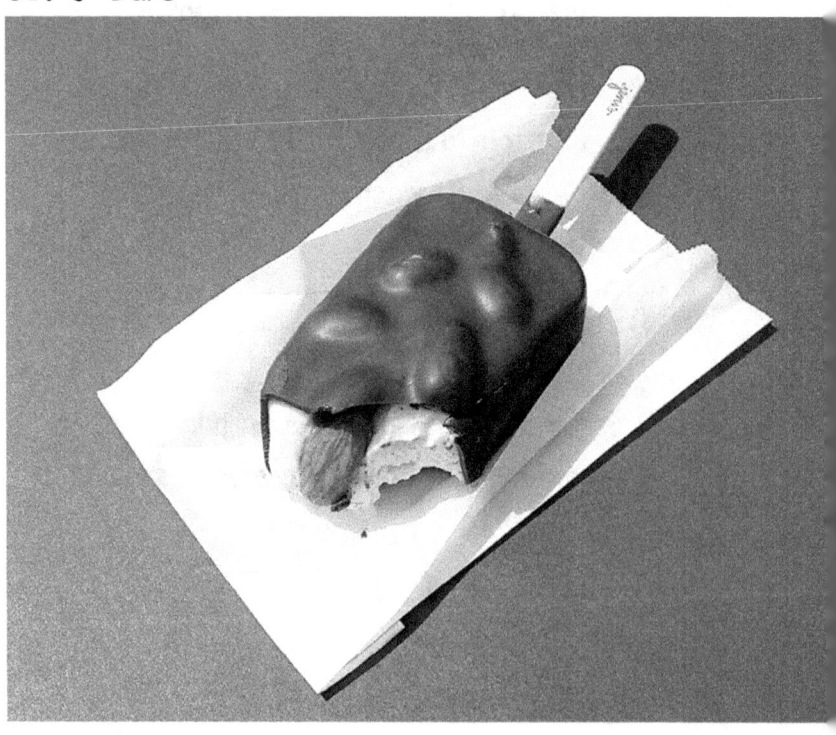

Maakt 10 J-staven

Ingrediënten:

- ½ kopje zoute karamelsaus
- Zoet Roomijs, of 1 liter ijs naar keuze, lichtjes verzacht
- ½ kopje gerookte, geroosterde of gezouten noten, zoals amandelen, pecannoten of pinda's
- 300 gram bitterzoete chocolade (minstens 60% cacao), gehakt
- ⅓ kopje geraffineerde kokosolie

Routebeschrijving:

a) Bekleed een bakplaat met vetvrij papier en plaats deze in de vriezer. Doe de karamelsaus in een knijpfles en zet in de koelkast.

b) Vul twee siliconen ijsvormpjes van 5 bar met het ijs en strijk de bovenkant glad met een spatel. Steek een stokje in elke vorm. Bedek het met bakpapier en zet het 30 minuten in de vriezer, zodat het ijs iets steviger wordt.

c) Schraap met het handvat van een kleine lepel een kleine greppel in het midden van elke vorm en vul de greppel met karamelsaus. Druk in elk vormpje 3 tot 5 stukjes van de noten in het ijs. Bedek de mallen met vetvrij papier en zet ze terug in de vriezer om volledig uit te harden, 3 tot 4 uur.

d) Combineer de chocolade en de kokosolie in een dubbele boiler en verwarm al roerend op middelhoog vuur tot alle chocolade is gesmolten en de kokosolie volledig is opgenomen.

e) Haal van het vuur, doe het in een kleine diepe kom en laat afkoelen tot het nog vloeibaar maar niet heet is.

f) Haal de J-Bars uit de vriezer en haal ze allemaal uit de vorm. Dompel elke reep bij het stokje in de chocolade en tel tot 3. Verwijder deze vervolgens, laat de overtollige chocolade terug in de kom met chocolade druppelen en plaats de reep op de voorbereide bakplaat.

g) Zet de J-Bars terug in de vriezer om minimaal 2 uur uit te harden.

COCKTAIL S

62. Zwaard in de steen

Maakt 1 drankje

Ingrediënten:

- ¼ kopje gin
- 2 eetlepels perenlikeur
- Eén schep van 100 gram (ongeveer ¼ pint) Sorbet van tarwegras, peer en vinho verde
- 1 cocktailzwaard

Routebeschrijving:

a) Schud de gin-perenlikeur met ijs in een shaker om af te koelen.

b) Doe het bolletje sorbet in een gekoeld martiniglas (of kingly goblet).

c) Giet het ginmengsel erover en serveer.

63. Rouge je knieën

Maakt 1 drankje

Ingrediënten:

- Eén stuk van 4 ounce (ongeveer ¼ pint) rode frambozensorbet
- ¼ kopje gin
- 1 tot 2 ounces frisdrankwater
- Twist van limoen
- Takje lavendel

Routebeschrijving:

a) Leun het stuk sorbet tegen de zijkant van een hoog glas.

b) Giet de gin erover en voeg naar smaak sodawater toe. Garneer met de limoentwist en een takje lavendel.

64. dame van het Meer

Maakt 1 drankje

Ingrediënten:

- ¼ kopje wodka of gin
- 2 eetlepels Zoet Roomijs
- Eén schep van 4 ounce (ongeveer ¼ pint) steenfruitsorbet
- 1 cocktailzwaard

Routebeschrijving:

a) Schud de wodka en het ijs in een shaker tot het ijs net gesmolten en opgenomen is.

b) Doe het bolletje sorbet in een gekoeld glas.

c) Giet de wodka eromheen en serveer.

TOPPINGEN

65. Suikerkegels

Ingrediënten:

- 2 grote eiwitten
- ½ kopje suiker
- 3 eetlepels volle melk
- ½ theelepel puur vanille-extract
- ¼ theelepel zout
- ⅔ kopje bloem voor alle doeleinden
- ¼ theelepel gemalen kaneel (optioneel)
- 2 eetlepels ongezouten boter, gesmolten
- 4 ons halfzoete of pure chocolade (optioneel)

Routebeschrijving:

a) Klop het eiwit, de suiker, de melk, de vanille en het zout in een kleine kom. Voeg de bloem, kaneel en boter toe. Klop tot het volledig is opgenomen en het beslag glad is.

b) Smeer een koekenpan met antiaanbaklaag lichtjes in met een kleine hoeveelheid kookspray of bestrijk hem lichtjes met neutrale olie. Giet ongeveer 2½ eetlepel beslag in de koude koekenpan en verdeel het in een dunne, gelijkmatige laag.

c) Zet de koekenpan op middelhoog vuur en bak de schijf gedurende 4 tot 5 minuten, of tot de kegel gestold is en aan de onderkant licht goudbruin is. Draai de schijf voorzichtig om en laat nog 1 tot 2 minuten koken.

d) Leg de suikerschijf snel op een schone handdoek en bedek hem met een kegelroller. Rol de schijf met behulp van de handdoek en de kegelroller tot een kegel en houd deze stevig langs de naad gedurende 1 tot 2 minuten, totdat de kegel afkoelt en hard wordt.

e) Veeg de koekenpan af en herhaal totdat al het beslag is gebruikt.

f) Als u de kegels in chocolade wilt dopen, bekleedt u een bakplaat met bakpapier. Wanneer de kegels volledig zijn afgekoeld, smelt je de chocolade in de magnetron in stappen van 30 seconden.

g) Doop de punten van de kegeltjes voorzichtig in de chocolade en leg ze op het perkamentpapier tot de chocolade hard wordt.

h) Bewaren in een luchtdichte verpakking bij kamertemperatuur, de kegels zijn maximaal 1 week houdbaar.

66. Ananas-habanero-marmelade

Ingrediënten:

- 1 middelgrote ananas, geschild en zonder klokhuis 2 habanero chilipepers, in dunne plakjes gesneden
- 1 kopje suiker
- Sap en geraspte schil van 2 limoenen
- ¾ theelepel koosjer zout
- 3 eetlepels witte azijn

Routebeschrijving:

a) Rasp de ananas op de grote gaten van een doosrasp in een grote kom. Bewaar het sap.

b) Meng de ananas en het sap in een grote pan met de chilipepers, suiker, limoensap en zout. Breng op middelhoog vuur aan de kook, zet het vuur laag zodat het blijft sudderen en voeg de azijn toe.

c) Kook, af en toe roerend, tot het mengsel dik genoeg is om de achterkant van de lepel te bedekken, 8 tot 10 minuten. Haal van het vuur, roer de limoenschil erdoor en laat afkoelen.

d) Bewaard in een luchtdichte verpakking in de koelkast, is de marmelade maximaal 1 week houdbaar.

67. Compote van kersen-hibiscus

Ingrediënten:

- 2 pond verse of bevroren Bing-kersen, ontpit (ongeveer 4½ kopjes)
- ¾ kopje suiker
- ½ kopje water
- ¾ kopje gedroogde hibiscusbloemen
Grote snuf koosjer zout

Routebeschrijving:

a) Meng alle ingrediënten in een grote pan met dikke bodem.
b) Breng op middelhoog vuur aan de kook, zet het vuur laag om het geheel te laten sudderen en kook, onder af en toe roeren, tot de sappen dik genoeg zijn om de achterkant van de lepel te bedekken, ongeveer 10 minuten. Haal van het vuur en laat afkoelen.
c) Bewaard in een luchtdichte verpakking in de koelkast, is de compote maximaal 1 week houdbaar.

68. Karamelsaus van passievruchten

Ingrediënten:

- 2 kopjes suiker
- ½ kopje water
- 2 theelepels lichte glucosestroop
- 1⅓ kopjes passievruchtpuree
- 4 eetlepels ongezouten boter, in stukjes gesneden
- ½ theelepel koosjer zout

Routebeschrijving:

a) Meng de suiker, het water en de glucosestroop in een grote pan met dikke bodem. Breng op middelhoog vuur aan de kook, roer om de suiker op te lossen en veeg af en toe de zijkanten van de pan af met een natte deegborstel om eventuele suikerkristallen weg te wassen.

b) Verhoog het vuur tot middelhoog en laat het zonder roeren koken tot de siroop donker amberkleurig is, ongeveer 8 minuten. Haal de pan van het vuur.

c) Voeg voorzichtig de passievruchtenpuree toe (deze gaat borrelen en spetteren, dus wees voorzichtig als je hem erin giet), de boter en het zout en klop om

zoveel mogelijk te verwerken (de karamel wordt een beetje hard).
d) Zet de pan op middelhoog vuur, breng aan de kook en kook al roerend tot de karamel is opgelost en de saus glad is. Haal van het vuur en laat afkoelen. Bewaard in een luchtdichte verpakking in de koelkast, is de saus maximaal 10 dagen houdbaar.
e) Serveer de saus warm of op kamertemperatuur.

69. Karamel van geitenmelk

Ingrediënten:

- 4 kopjes geitenmelk of een combinatie van koeien- en geitenmelk, bij voorkeur ongepasteuriseerd
- $1\frac{1}{4}$ kopjes suiker
- $\frac{1}{4}$ theelepel zuiveringszout
- $\frac{1}{2}$ theelepel puur vanille-extract
- Snufje koosjer zout

Routebeschrijving:

a) Roer in een grote pan met dikke bodem de melk, suiker en zuiveringszout door elkaar.

b) Breng op hoog vuur aan de kook, zet het vuur laag om het stevig te laten sudderen en kook, onder af en toe roeren, tot het mengsel ingedikt is en donker karamel van kleur is, 1 tot $1\frac{1}{2}$ uur; roer vaker naarmate het mengsel dikker wordt.

c) Doe over in een hittebestendige kom en laat afkoelen. Roer de vanille en het zout erdoor. Bewaard in een luchtdichte verpakking in de koelkast, is de karamel maximaal 10 dagen houdbaar.

70. Gekonfijte pompoenpitten

Ingrediënten:

- 1 kopje suiker
- 1 theelepel koosjer zout
- 1 groot eiwit
- 3 kopjes pompoenpitten

Routebeschrijving:

a) Verwarm de oven voor op 300 ° F. Bestrijk een omrande bakplaat licht met een beetje plantaardige olie of bekleed deze met bakpapier.
b) Meng in een kleine kom de suiker, chili (indien gebruikt) en zout. Klop het eiwit in een middelgrote kom met een vork schuimig. Voeg de pompoenpitten en het suikermengsel toe en roer tot de zaden gelijkmatig bedekt zijn.
c) Verdeel de pompoenpitten over de voorbereide bakplaat en bak, al roerend een paar keer, tot ze geroosterd zijn, 10 tot 12 minuten. Laat afkoelen tot kamertemperatuur.
d) Bewaard in een luchtdichte verpakking op een koele, droge plek, zijn de

pompoenpitten maximaal 1 maand houdbaar.

71. Vanille en tequila slagroom

Ingrediënten:

- 1 kopje koude zware room
- 2 eetlepels suiker
- 1 vanilleboon, in de lengte gespleten, of 1 theelepel puur vanille-extract

Routebeschrijving:

a) Plaats een roestvrijstalen kom en een garde in de vriezer en laat 10 tot 15 minuten afkoelen.
b) Meng de room en de suiker in de gekoelde kom. Als je een vanillestokje gebruikt, gebruik dan een schilmesje om de zaadjes van de peulhelften te schrapen en voeg de zaadjes toe aan het roommengsel.
c) Klop met de gekoelde garde totdat de room zachte pieken behoudt wanneer de garde wordt opgetild.
d) Klop de tequila erdoor (en vanille-extract, indien gebruikt). Blijf kloppen tot de room medium-stijve pieken behoudt.

e) Gebruik het meteen, of dek het af met plasticfolie en bewaar het maximaal 2 dagen in de koelkast.

72. Piloncillo gekarameliseerde pecannoten

Ingrediënten:

- 8 ons piloncillo, fijngehakt
- 1 (1 inch) stuk Mexicaanse kaneel
- ⅓ kopje water 3¼ kopjes pecannoothelften
- Vet een omrande bakplaat licht in.

Routebeschrijving:

a) Meng de piloncillo, kaneel en water in een pan. Zet de pan op middelhoog vuur en kook al roerend tot de piloncillo is opgelost en het mengsel bubbelend, dik en goudkleurig is, 4 tot 6 minuten.
b) Voeg ongeveer een derde van de pecannoten toe en roer om te coaten. Voeg de resterende pecannoten in nog twee batches toe, onder voortdurend roeren. De piloncillo begint te kristalliseren en ziet er zanderig uit.
c) Blijf roeren totdat alle pecannoten bedekt zijn.
d) Giet de pecannoten op de voorbereide bakplaat en scheid ze met een lepel. Verwijder het stukje kaneel. Laat afkoelen tot kamertemperatuur.

e) Bewaard in een luchtdichte verpakking op een koele, droge plek, zijn de pecannoten maximaal 3 weken houdbaar.

73. Pittige mango's

Ingrediënten:

- 1 limoen
- 1 pond rijpe maar stevige mango's
- 3 theelepels koosjer zout
- 3 kopjes suiker
- 2 kopjes water
- ¼ kopje lichte glucosestroop
- ⅓ kopje gemalen guajillo, piquín of árbol chilipepers, of een combinatie

Routebeschrijving:

a) Verwijder met een dunschiller de limoenschil in reepjes. Pers de limoen.
b) Schil de mango's en snijd het vruchtvlees in grote stukken of partjes. Meng de mango's in een kom met 1 theelepel zout en het limoensap.
c) Meng de suiker, het water, de glucosestroop en de limoenschil in een grote pan en breng op middelhoog vuur aan de kook.
d) Zet het vuur middelhoog, voeg de mangostukjes toe en laat 20 minuten zachtjes koken, af en toe roeren.

e) Haal van het vuur, bedek de pan met het deksel of een stuk kaasdoek en laat een nacht op kamertemperatuur staan.
f) Haal de volgende dag de pan open, zet hem op middelhoog vuur en breng de siroop aan de kook.
g) Kook gedurende 20 minuten, af en toe roerend en pas de hitte indien nodig aan om aan de kook te blijven. Haal van het vuur, dek af met het deksel of de kaasdoek en laat een nacht op kamertemperatuur staan.

h) Op de derde dag haalt u de pan opnieuw uit het deksel, zet u deze op middelhoog vuur en brengt u aan de kook. Kook slechts 5 minuten, af en toe roerend, haal dan van het vuur en laat afkoelen tot kamertemperatuur.
i) Eenmaal afgekoeld, gebruik je een schuimspaan om de mangostukjes over te brengen naar een rooster op een bakplaat. Gooi de limoenschil weg.
j) Laat uitlekken totdat de mangostukjes niet meer nat zijn (ze worden plakkerig), 8 tot 10 uur.

k) Roer in een kom de gemalen pepers en de resterende 2 theelepels zout door elkaar. Werk in batches en schep de mangostukjes door het chilimengsel tot ze aan alle kanten bedekt zijn.
l) Bewaard in een luchtdichte verpakking op een koele, droge plaats zijn de mango's maximaal 1 maand houdbaar.

74. Amandelcrumble topping

Ingrediënten:

- ½ kopje bloem voor alle doeleinden
- ½ kopje gesneden of geschaafde amandelen
- ½ kopje banketbakkerssuiker
- ¼ kopje bruine suiker, verpakt ⅛ theelepel zout
- ¼ theelepel gemalen kaneel
- 4 eetlepels boter, gekoeld en in verschillende stukken gesneden

Routebeschrijving:

a) Verwarm de oven voor op 350 ° F. Bekleed een bakplaat met bakpapier.

b) Combineer bloem, amandelen, suikers, zout en kaneel in een keukenmachine en mix tot de amandelen volledig zijn gebroken tot amandelmeel en het mengsel goed is gecombineerd.

c) Voeg boter toe en pulseer tot het mengsel een grove, zandige textuur heeft en er geen stukjes boter groter dan een erwt achterblijven.

d) Breng het mengsel over naar een grote kom. Als je het mengsel stevig in je hand knijpt, moet het aan elkaar plakken in grote brokjes, variërend van de grootte van een erwt tot een walnoot. Verdeel het hele mengsel in brokjes van verschillende grootte.
e) Breng de amandelkruimels over naar de voorbereide bakplaat.
f) Bak ongeveer 15 minuten, roer elke 5 minuten lichtjes met een spatel, tot de crumble licht goudbruin en krokant is.
g) Volledig afgekoeld is de crumble enkele dagen houdbaar in een luchtdichte verpakking.

Voor ongeveer 2 kopjes

SUNDADES

75. Knickerbocker glorie

Ingrediënten:

- verse aardbeien en kersen
- 2 bolletjes vanille-ijs
- 6 tot 8 eetlepels fruitgelei
- Aardbeien- of frambozensaus
- 2 bolletjes aardbeienijs
- 1/2 kop zware room, opgeklopt
- geroosterde gesneden amandelen

Routebeschrijving:

a) Schik een beetje vers fruit op de bodem van twee gekoelde ijscoupesglaasjes. Voeg een bolletje vanille-ijs toe, daarna wat fruitgelei en wat fruitsaus.

b) Voeg vervolgens aardbeienijs toe en vervolgens meer fruitsaus. Nu afwerken met slagroom, vers fruit en noten, gevolgd door meer saus en een paar noten.

c) Zet het niet langer dan 30 minuten in de vriezer of eet het meteen op. Deze zijn

niet om te bewaren, dus bereid ze indien nodig voor.
d) Het is een goed idee om voordat u begint een selectie geschikte ingrediënten klaar te hebben, evenals goed gekoelde glazen.

Serveert 2

76. Perzik melba

Ingrediënten:

- 4 grote rijpe perziken, geschild
- fijn geraspte schil en sap van 1 citroen
- 3 Eetlepels banketbakkerssuiker
- 8 bolletjes vanille-ijs

voor de melbasaus

- 1 1/2 kopjes rijpe frambozen
- 2 eetlepels rode bessengelei
- 2 eetlepels superfijne suiker

Routebeschrijving:

a) Snijd de perziken doormidden en verwijder de pit. Verpak de perzikhelften stevig in een ovenvaste schaal en bestrijk ze met citroensap. Bestrooi rijkelijk met banketbakkerssuiker. Zet het gerecht 5 tot 7 minuten onder een voorverwarmde grill, of tot het goudbruin en borrelend is. Laten afkoelen.

b) Verwarm voor de saus de frambozen met de gelei en de suiker en druk ze vervolgens door een zeef. Laten afkoelen.

c) Schik de perziken op een serveerschaal met 1 of 2 bolletjes ijs. Besprenkel met melbasaus en werk af met stukjes citroenschil.

Serveert 4

77. Cappuccino frappé

Ingrediënten:

- 4 Eetlepels koffielikeur
- 1/2 recept koffiegelato
- 4 Eetlepels rum
- 1/2 kop zware room, opgeklopt
- 1 Eetlepels ongezoet cacaopoeder, gezeefd

Routebeschrijving:

a) Giet de likeur in de bodem van 6 diepvriesglazen of kopjes en laat goed afkoelen of invriezen.
b) Bereid de gelato zoals aangegeven tot deze gedeeltelijk bevroren is. Klop vervolgens de rum er met een elektrische mixer door tot schuim, schep onmiddellijk over de bevroren likeur en vries opnieuw in tot het stevig maar niet hard is.
c) Spuit de opgeklopte room over de gelato. Bestrooi royaal met cacaopoeder en zet het een paar minuten in de vriezer

totdat je absoluut klaar bent om te serveren.

Serveert 6

78. Bevroren lassi

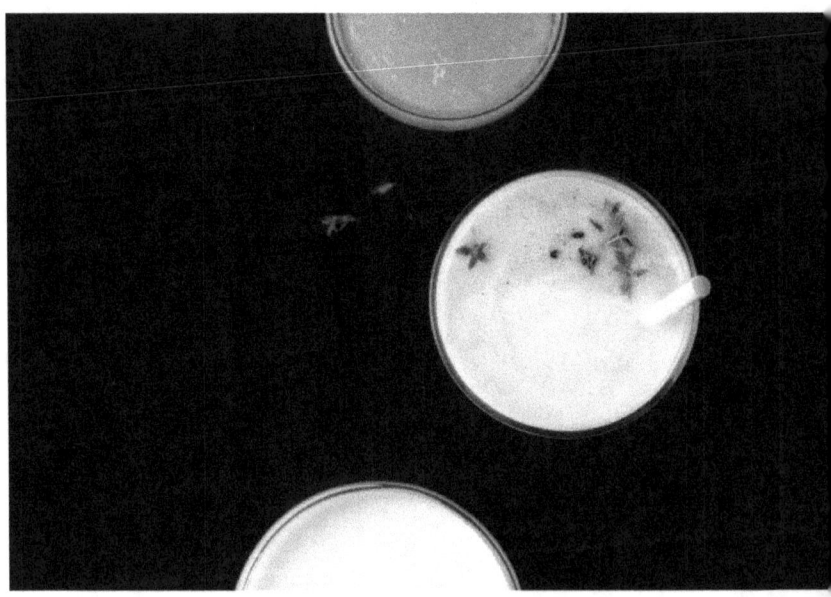

Ingrediënten:

- 2 kopjes yoghurt, gedeeltelijk bevroren
- 1/2 kopje ijswater
- 1/2 kopje ijsblokjes
- 4 eetlepels heldere honing, plus meer naar smaak
- vers geraspte nootmuskaat

Routebeschrijving:

a) Doe de yoghurt, het ijswater, de ijsblokjes en de honing in een keukenmachine of blender. Blend tot het schuimig en goed gemengd is. Doe het in ijskoude hoge glazen en vries het ongeveer 30 minuten in.
b) Serveer met nog wat honing naar smaak en bestrooi met vers geraspte nootmuskaat.

Serveert 1

79. Ijsvlotter

Ingrediënten:

- 2 kopjes citroen-limoensoda, gekoeld
- 2 bolletjes vanille-ijs
- een paar mini-marshmallows

Routebeschrijving:

a) Doe 1 bolletje ijs in een gekoeld, hoog frisdrankglas. Giet de frisdrank er langzaam in, want deze zal gaan borrelen bij contact met het ijs.

b) Voeg het tweede bolletje ijs toe en garneer met een paar kleine marshmallows. Serveer onmiddellijk met een lange frisdranklepel en rietjes.

Maakt 1

80. Watermeloen & aardbei slush

Ingrediënten:

- 1 kopje gemalen ijs
- 1 kopje gepelde en gehalveerde verse aardbeien
- 1 kopje watermeloenvlees (zaadjes verwijderd)
- 2 tot 3 eetlepels aardbeiensiroop p
- plakjes vers fruit, om te garneren

Routebeschrijving:

a) Doe alle ingrediënten (bewaar een paar stukjes fruit voor het serveren) in een blender of keukenmachine. Meng kort om alle ingrediënten tot een slush te vermalen. Meng niet te veel. Plaats het in een bakje in de vriezer tot het klaar is om te serveren.
b) Schep indien nodig in hoge glazen (of martiniglazen) en serveer met een paar stukjes fruit.

Serveert 1

81. Smoothie van ijskoude abrikozen en granaatappel

Ingrediënten:

- 1 kopje gewone of perzikyoghurt
- 2 kopjes gehakte en ontpitte rijpe abrikozen
- 2 tot 3 eetlepels heldere honing
- een paar ijsblokjes
- 1/2 granaatappel, opgebroken in zaden en witte merg verwijderd

Routebeschrijving:

a) Druk de granaatappels door een zeef. Doe de yoghurt, abrikozen, honing, ijsblokjes en granaatappelsap (bewaar een lepel zaden) in een blender of keukenmachine. Blend tot het echt glad is.

b) Laat het kort invriezen (maximaal 30 minuten) of geniet er meteen van, bestrooid met een lepel granaatappelpitjes.

Serveert 2

82. Chocolade-nootijscoupe

Ingrediënten:

- 1 schep rijk chocolade-ijs
- 1 bolletje boter-pecannotenijs
- 2 eetlepels chocolade saus
- 2 Eetlepels geroosterde gemengde noten
- chocoladevlokken, krullen of hagelslag

Routebeschrijving:

a) Schik de twee bolletjes ijs in een gekoeld ijscoupegerecht.
b) Besprenkel met chocoladesaus en bestrooi vervolgens met noten en chocolade.

Serveert 1

83. In chocolade gedoopte gelato-pops

Ingrediënten:

- 1 recept luxe vanillegelato
- 1 recept chocoladesaus
- fijngehakte noten of hagelslag

Routebeschrijving:

a) Maak van het ijs bolletjes van verschillende groottes. Plaats ze onmiddellijk op vetvrij papier en vries ze opnieuw grondig in.
b) Bereid de chocoladesaus en laat deze op een koele (niet koude) plaats staan tot deze is afgekoeld maar niet dikker wordt.
c) Bedek meerdere bakplaten met vetvrij papier. Duw een ijslollystokje in het midden van een bolletje ijs en doop het in de chocolade zodat het helemaal bedekt is. Houd het boven de kom met chocolade totdat het niet meer druipt en plaats het vervolgens op het schone vetvrij papier.
d) Bestrooi eventueel met noten of gekleurde hagelslag. Doe het ijs in de

vriezer en laat het hard worden (enkele uren). Hoewel ze enkele weken houdbaar zijn, afhankelijk van de gebruikte ijssoort, is het beter om ze zo snel mogelijk op te eten.

Maakt 6-8

IJSTRANSTEN VOOR KINDEREN

84. Bevroren chocoladebananen

Ingrediënten:

- 4 stevige maar rijpe kleine bananen
- 6 oz. melkchocolade, in stukjes gebroken
- 6 eetlepels slagroom
- 4 Eetlepels sinaasappelsap

Routebeschrijving:

a) Laat de bananen ongeveer 2 uur in de schil invriezen.

b) Smelt de chocolade in een kleine pan met de room en het sinaasappelsap, af en toe roerend, tot het gesmolten en glad is. Giet het in een koude kom en laat het staan totdat het net begint in te dikken en af te koelen. Laat het niet te koud worden, anders smeert het niet gemakkelijk.

c) Haal de bananen uit de vriezer en verwijder de schil netjes. Dompel elke banaan in de chocolade zodat deze goed bedekt is, en verwijder hem vervolgens met een of twee lange houten spiesjes. Houd de banaan boven de kom terwijl de overtollige chocolade eraf druipt. Plaats de banaan vervolgens op vetvrij papier totdat de chocolade hard wordt. Snijd

het in 2 of 3 stukken en zet het terug in de vriezer tot het klaar is om te serveren.
d) Steek indien gewenst een ijslollystokje in elk stuk om te serveren.
e) Deze bananen zijn niet goed houdbaar en moeten worden gegeten op de dag dat ze worden gemaakt.

Serveert 4

85. Broodje ijskoekjes

Ingrediënten:

- 12 chocoladekoekjes
- 2 kopjes vanille-ijs (of een andere smaak), verzacht

Routebeschrijving:

a) Plaats de koekjes op een bakplaat in de vriezer.
b) Verdeel het verzachte ijs in een platte pan of bak tot een dikte van ongeveer 1/2 inch en vries het opnieuw in. Als het weer stevig is, maar niet hard, snijdt u 6 cirkels ijs zodat ze in de koekjes passen. Schep het ijs voorzichtig uit de pan op 6 koekjes.
c) Bestrijk met een tweede koekje. Druk naar beneden om goed af te sluiten en vries in tot het klaar is om te eten. Als ze goed bevroren zijn, haal ze dan 10 tot 15 minuten voordat je ze wilt eten uit de vriezer, anders worden ze erg hard.
d) Eet binnen een paar dagen.

Serveert 6

86. IJzige fruitdippers

Ingrediënten:

- 3 tot 4 kopjes (1 1/2 tot 2 lbs.) stevig vers fruit van goede kwaliteit (aardbeien, kersen, Kaapse kruisbessen)
- 1 kopje slagroom, gezoet en opgeklopt
- 3/4 kop frambozensaus
- 3/4 kopje mangosaus
- snoep hagelslag

Routebeschrijving:

a) Bereid de vruchten eenvoudigweg voor door ze af te vegen of te controleren, maar laat de stengels of iets anders waar ze mee kunnen worden opgepakt, zitten. Vries ze afzonderlijk in op vetvrij papier op bakplaten gedurende minimaal 1 uur tot ze ijskoud maar niet te hard zijn.
b) Zet kommen met slagroom, frambozen- en mangosauzen en hagelslag klaar.
c) Schik het bevroren fruit, met tandenstokers, op een grote serveerschaal en serveer.

Serveert 6

87. Kleverige toffee-traktaties

Ingrediënten:

- 1 kopje toffeesaus
- 3 kopjes vanille-ijs
- 4 suikerkegels

Routebeschrijving:

a) Als je een rij ongeduldige jongeren hebt, moet je goed voorbereid zijn.
b) Breng de saus op kamertemperatuur, zodat deze dik is maar gemakkelijk te gieten. Zorg ervoor dat het ijs klaar is om te scheppen. Houd kegels klaar in een houder.

c) Neem 2 of 3 lepels saus en verdeel deze over het ijs. Haal er dan snel een bolletje ijs uit, roer de saus erdoorheen en doe dit in het hoorntje.
d) Herhaal dit als je een tweede schepje op dezelfde kegel wilt. Giet er als laatste een scheutje saus overheen. Serveer onmiddellijk.

Serveert 4

88. Fruitige ijsblokjes

Ingrediënten:

- 1 kopje gepureerde frambozen
- 1 kopje gewone of fruityoghurt

Routebeschrijving:

a) Meng het fruit en de yoghurt door elkaar. Giet het mengsel in grote, gemakkelijk los te maken ijsblokjesbakjes of fruitvormige ijsbakjes. Maak de bovenkanten glad zodat ze volledig vlak zijn, zodat ze er gemakkelijk uit kunnen komen. Steek er eventueel kleine ijslollystokjes in.

b) Vries 3 tot 4 uur of een nacht in. Stort op een mooie schaal en serveer met stukjes vers fruit en koekjes.

Maakt 10 tot 12 grote blokjes

89. Bevroren fruitpoppen

Ingrediënten:

- 1 1/2 kopjes geraspt of gepureerd vers fruit (ananas, perzik, mango)
- suiker naar smaak
- 1/2 kopje sinaasappelsapconcentraat

Routebeschrijving:

a) Meng het gepureerde fruit met de suiker en het sinaasappelsap. Vries in ijslollycontainers tot het gedeeltelijk bevroren is. Roer één keer om het fruit te mengen en vries het vervolgens opnieuw in tot het bijna gestold is.
b) Plaats een ijslollystokje in het midden van elke pop en vries in tot het hard is.
c) Eet rechtstreeks uit de vriezer. Bij voorkeur zo snel mogelijk eten of maximaal 1 maand in afgedekte containers invriezen.

Maakt 4 tot 6 (afhankelijk van de grootte van de mallen)

90. IJscupcakes

Ingrediënten:

- 2 kopjes aardbeienijs
- 6 eetlepels slagroom, opgeklopt
- 12 verse frambozen
- snoep hagelslag

Routebeschrijving:

a) Plaats 6 bakvormen van papier of folie in een muffinvorm. Als u zeer dunne papieren bakvormpjes gebruikt, verdubbel deze dan voor extra ondersteuning.

b) Wanneer het ijs een zachte, lepelbare consistentie heeft, vult u de baking cups en maakt u de bovenkant plat. Zet terug in de vriezer tot het bijna klaar is om te serveren.

c) Voor het serveren verwijdert u desgewenst de baking cups en plaatst u de ijscakes op een goed gekoelde serveerschaal. Bestrijk elk ijs met een beetje slagroom, 2 frambozen en een scheutje hagelslag. Zet terug in de vriezer tot u klaar bent om te eten.

d) Deze kleine ijstaartjes zijn niet echt geschikt om langer dan een dag te bewaren, dus probeer er niet meer te maken dan je nodig hebt.

Serveert 6

91. Knapperige yoghurtvormen

Ingrediënten:

- 1 kopje goede dikke honing
- 3 kopjes dikke Griekse yoghurt
- 1 kopje slagroom, licht opgeklopt
- 1 theelepel puur vanille-extract
- snoep hagelslag

Routebeschrijving:

a) Verwarm de honing heel lichtjes om hem zacht te maken. Roer de yoghurt, slagroom en vanille erdoor en giet het in een ondiepe bak om te bevriezen, roer een of twee keer met een vork.
b) Zet het 1 uur in de vriezer, maak het los met een vork en laat het nog een uur in de vriezer staan tot het stevig maar lepelbaar is.
c) Bekleed een bakvorm met antiaanbakpapier. Plaats diervormige of andere koekjesvormen in de pan en vul met het ijs, zorg ervoor dat de bovenkanten waterpas zijn.
d) Zet het snel terug in de vriezer gedurende 1 tot 2 uur tot het echt stevig is.

e) Wanneer u klaar bent om te serveren, duwt u het ijs voorzichtig uit de vormpjes op een ijskoud bord. Wacht 1 tot 2 minuten totdat het oppervlak zacht begint te worden. Dompel ze vervolgens met een of twee houten spiesjes aan één of twee kanten in een kom met hagelslag.
f) Zet meteen terug in de vriezer, want ze beginnen heel snel te smelten.
g) Om te serveren steek je in elk ijslollystokje een stokje.

Maakt ongeveer 6 tot 10 vormen, afhankelijk van de mallen

VERSE & FRUITIGE TRAKTATIES

92. Romanoff van bramen en peren met ijs

Ingrediënten:

- 1 kopje zoete perenpuree
- 1 kopje zware room, opgeklopt
- 1 kopje dikke yoghurt in Griekse stijl
- fijn geraspte schil van 1 citroen
- 1 kopje grof verkruimelde kleine meringues
- 1 kopje zoete rijpe bramen

Routebeschrijving:

a) Meng in een grote kom de perenpuree, slagroom, yoghurt en citroenschil. Voeg eventueel een beetje suiker toe naar smaak, of als de bramen niet te zoet zijn.

b) Voeg nu de verkruimelde meringues en ten slotte de bramen toe en meng zo weinig mogelijk. Schep het in een diepvriesbakje en vries het 1 tot 2 uur in. Niet roeren tijdens het invriezen.

c) Om te serveren, schep je het mengsel voorzichtig op een serveerbord met nog een paar bessen.

Maakt 2 pinten

93. Swirlijs van perzik en passievrucht

Ingrediënten:

- 1 1/4 kopjes zware room
- 1 theelepel puur vanille-extract
- 2 grote eieren
- 1/4 kopje superfijne suiker of naar smaak
- 2 theelepel maizena
- 1 Eetlepels water
- 4 grote, zeer rijpe perziken
- sap en fijngeraspte schil van 1 sinaasappel
- 4 rijpe passievruchten

Routebeschrijving:

a) Breng de room en de vanille in een kleine pan aan de kook. Haal van het vuur. Klop de eieren en de suiker in een kom zeer bleek en enigszins ingedikt. Klop een beetje van de room door de eieren tot alles goed gemengd is en giet het dan terug in de pan.

b) Meng de maïzena met het water tot een gladde massa. Klop het door het room- en eimengsel en zet de pan terug op het vuur. Niet koken, maar als het mengsel dikker begint te worden, roer je voortdurend totdat het de achterkant van een lepel bedekt. Zet opzij om af te koelen, af en toe roerend.

c) Leg de perziken ongeveer 1 minuut in kokend water of tot de schil er gemakkelijk afbladdert. Meng of pureer het vruchtvlees met het sinaasappelsap en de schil en zeef indien nodig. Schep het passievruchtvlees in een kleine kom. Roer de afgekoelde custard en perzikpuree voorzichtig door elkaar.

d) Doe het in een ijsmachine en verwerk het volgens de instructies van de fabrikant, of gebruik de handmatige mengmethode .

e) Als het bijna stevig is, doe het dan in een diepvriesbakje en roer het grootste deel van de passievrucht erdoor. Vries in tot het stevig of nodig is. Dit ijs kan maximaal 1 maand worden ingevroren.

f) Laat ongeveer 15 minuten zacht worden voordat je het serveert en giet er nog wat passievrucht over.

Maakt 1 1/2 pinten

94. Gekoelde abrikozensoufflés

Ingrediënten:

- sap en fijngeraspte schil van 1 sinaasappel
- 2 (1/4-oz.) enveloppen zonder smaak gelatine
- 3 middelgrote eieren, gescheiden, plus nog 2 eiwitten
- 1/2 kop superfijne suiker
- 1 theelepel puur vanille-extract
- 1 kopje slagroom
- 4 eetlepels Amaretto-likeur
- 1 kopje abrikozenpuree
- 3/4 kop zwarte bessen (vers of bevroren)
- 2 tot 3 eetlepels superfijne suiker

Routebeschrijving:

a) Maak 4 schaaltjes klaar door een band vetvrij papier rond de buitenkant van elk vormpje te wikkelen, tot ongeveer 5 cm boven de randen; vastzetten met plakband. Vet het papier en de binnenkant van de vaat licht in.

b) Verwarm het sinaasappelsap in een kleine pan, strooi de gelatine erover en laat oplossen. Koel. Doe de sinaasappelschil, de dooiers, de suiker en de vanille in een grote kom.

c) Klop tot het echt dik, bleek en romig is. Iets afkoelen. Klop in een aparte kom de eiwitten stijf en vormen bijna pieken. Klop in een derde kom de slagroom stijf en behoudt zijn vorm.

d) Roer het gelatinemengsel samen met de Amaretto door de losgeklopte dooiers. Voeg vervolgens de slagroom, de abrikozenpuree en als laatste het eiwit toe. Wanneer het licht maar grondig is gemengd, schep je het in de schaaltjes, strijk je de bovenkant glad en vries je het 2 tot 3 uur in.

e) Om de saus te maken, verwarm je op enkele na alle zwarte bessen in een pan met de suiker; kook gedurende 4 tot 5 minuten. Giet het door een zeef om alle zaadjes te verwijderen, als je dat wilt, en doe dan de hele zwarte bessen in de pan. Opzij zetten.

f) Om te serveren haalt u de vormpjes 10 minuten voor het eten uit de vriezer, verwijdert u het papier en maakt u een gat in het midden van de bovenkant.

Verwarm de saus op het laatste moment
en giet een beetje in het midden.
Serveer de rest apart.

95. Parfait van appel en pruim

Ingrediënten:

- 3 grote, rijpe zoete pruimen
- 2 eetlepels demerarasuiker
- 4 Eetlepels water
- 2 zoete eetappels
- 1 kopje kristalsuiker
- sap en fijngeraspte schil van 1/2 citroen
- 5 eierdooiers
- 1/2 kop plus 2 eetlepels slagroom

Routebeschrijving:

a) Ontpit de pruimen, hak ze grof en doe ze in een kleine pan met de demerarasuiker en water. Laat zachtjes sudderen tot de pruimen zacht zijn maar niet uit elkaar vallen.

b) Zet de helft van de pruimen opzij om af te koelen en doe de geschilde, klokhuisloze en geraspte appels in de pan. Ga door met koken totdat het fruit zacht genoeg is om te mengen of te pureren. Volledig afkoelen.

c) Verwarm de kristalsuiker langzaam met het citroensap in een andere kleine pan tot de suiker is opgelost. Kook gedurende 2 tot 3 minuten en haal dan van het vuur. Klop de eidooiers in een grote kom tot ze in volume verdubbeld zijn. Voeg vervolgens langzaam de citroensuikersiroop en de citroenschil toe en blijf kloppen tot het dik en romig is. Volledig afkoelen.

d) Als zowel het gepureerde fruit als het eimengsel zijn afgekoeld, klop je de room tot er pieken ontstaan. Spatel eerst het fruitmengsel en daarna de slagroom voorzichtig door de opgeklopte eidooiers. Schep het in een kleine, diepvriescontainer en vries in tot het bevroren is aan de zijkanten.

e) Klop met een vork tot een gladde massa en vries vervolgens in tot het stevig maar niet hard is.

f) Om te serveren, doe je een lepel van de achtergehouden gekookte pruimen in de bodem van gekoelde glazen, voeg een paar bolletjes parfait toe en garneer met nog meer pruimen. Serveer onmiddellijk of laat even afkoelen.

96. Bananenvla-ijs

Ingrediënten:

- 4 rijpe bananen, plus meer voor serveren
- sap van 1 citroen
- 6 eetlepels heldere honing
- 1 theelepel puur vanille-extract
- 1 kop zelfgemaakte of in de winkel gekochte vanillevla
- 1 kopje slagroom, zacht opgeklopt, plus meer voor serveren
- karamel scherven

Routebeschrijving:

a) Meng de bananen in een blender of keukenmachine met het citroensap, de honing en de vanille tot een romige gladde massa. Meng het mengsel gelijkmatig door de custard en spatel er vervolgens de slagroom door.

b) Schep het mengsel in een diepvriesbakje. Zet het 1 uur in de vriezer en maak het dan los met een vork tot het weer glad

is. Zet terug in de vriezer tot het stevig is of tot het klaar is om te serveren.
c) Serveer bolletjes ijs met nog meer plakjes banaan en slagroom en wat karamelscherven.
d) Dit ijs blijft maximaal 1 maand invriezen.
e) Haal het 15 minuten of langer voor het serveren uit de vriezer, zodat het iets zachter wordt.

Serveert 6

97. Tropische fruitsorbet

Ingrediënten:

- 2 kopjes geschild en gehakt rijp tropisch fruit (guave, ananas, mango, papaja)
- 1 kopje suikersiroop
- 2 limoenen
- 1 kopje volle melk of karnemelk

Routebeschrijving:

a) Pureer of blend het tropische fruit en druk het door een fijnmazige zeef als je van een echt gladde textuur houdt.
b) Klop de suikersiroop erdoor, de fijn geraspte schil van 1 limoen en het sap van beide, en de melk. Giet het in een diepvriescontainer en vries het in met behulp van de handmatige mengmethode, waarbij u tijdens het invriezen twee of drie keer breekt.
c) Laat het invriezen tot het stevig is, schep het dan in gehalveerde, kleine ananasschalen of serveerschalen en bestrooi met vers geraspte nootmuskaat. Serveer met klein tropisch fruit zoals

lychee of druiven, of geroosterde stukjes verse kokosnoot.

d) Dit ijs kan maximaal 1 maand worden ingevroren. Haal het 10 minuten voor het serveren uit de vriezer om het zacht te maken.

Maakt ongeveer 1 1/2 pinten

98. Een genot voor ijskoude rabarber

Ingrediënten:

- 3 kopjes gehakte, bijgesneden rabarber
- 1/2 kopje superfijne suiker
- 1 tot 2 theelepel puur vanille-extract
- 1/4 theelepel gemalen kaneel
- 1 kopje slagroom, stijf opgeklopt
- 1 kopje yoghurt

Routebeschrijving:

a) Doe de rabarber, suiker en vanille in een kleine pan en laat ongeveer 8 minuten koken tot ze zeer zacht zijn. U kunt ook 3 of 4 minuten in de magnetron op medium koken, af en toe roeren.

b) Pureer het fruit, roer de kaneel erdoor en zet opzij tot het koud is.

c) Meng de gepureerde rabarber, de slagroom en de yoghurt door elkaar.

d) Schep het in de kom van een ijsmachine en verwerk het volgens de instructies van de fabrikant, of giet het in een diepvriescontainer en vries het in zoals aangegeven.

e) Als het ijs stevig is, vries het dan kort in voordat je het serveert, of totdat je het nodig hebt.

f) Dit ijs kan maximaal 3 maanden worden ingevroren. Haal het 15 minuten voor het serveren uit de vriezer, zodat het iets zachter wordt.

Maakt ongeveer 2 1/4 pinten

99. Vers gemberijs

Ingrediënten:

- 2 kopjes zware room
- 1 kopje volle melk
- ¾ kopje suiker
- 1 (7,5 cm) stuk verse gemberwortel, geschild en grof gehakt
- 1 groot ei
- 3 grote eidooiers
- 1 theelepel vanille-extract

Routebeschrijving:

a) Combineer room, melk, suiker en gember in een grote pan. Breng aan de kook, roer tot de suiker is opgelost.
b) Haal van het vuur. Dek af en laat afkoelen tot kamertemperatuur. Zeef het mengsel om de hele gemberwortel te verwijderen.
c) Breng het melkmengsel weer aan de kook.
d) Klop het ei en de eierdooiers samen in een grote kom. Wanneer het melkmengsel aan de kook komt, haal het dan van het vuur en laat het heel

langzaam door het eimengsel stromen om het te temperen, terwijl je constant blijft kloppen.

e) Als al het melkmengsel is toegevoegd, doe je het terug in de pan en blijf je het op middelhoog vuur koken, onder voortdurend roeren, tot het mengsel voldoende is ingedikt om de achterkant van een lepel te bedekken, 2 tot 3 minuten. Haal van het vuur en klop de vanille erdoor.

f) Dek het melkmengsel af en laat het afkoelen tot kamertemperatuur, en zet het vervolgens in de koelkast tot het goed gekoeld is, 3 tot 4 uur, of een nacht.

g) Giet het gekoelde mengsel in een ijsmachine en vries het in zoals aangegeven.

h) Doe het ijs in een diepvriescontainer en plaats het in de vriezer. Laat het 1 tot 2 uur opstijven voordat u het serveert.

i)

100. Vers perzikijs

Ingrediënten:

- 2 eetlepels niet-gearomatiseerde gelatine
- 3 kopjes melk, verdeeld
- 2 kopjes kristalsuiker
- 1/4 theelepel zout
- 6 eieren
- 1 1/2 kopjes half en half
- 1 klein doosje instant vanillepudding
- 1 eetlepel vanille-extract
- 4 kopjes gemalen perziken

Routebeschrijving:

a) Maak de gelatine zacht in 1/2 kopje koude melk. Verbrand nog eens 1 1/2 kopjes melk. Roer het gelatinemengsel erdoor tot het is opgelost. Voeg suiker, zout en de resterende 1 kopje melk toe.
b) Klop de eieren op hoge snelheid d gedurende 5 minuten.
c) Voeg half om half puddingmengsel, vanille-extract en gelatinemengsel toe. Meng goed. Perziken erdoor roeren.

d) Vries het in in een ijsvriezer volgens de instructies van de fabrikant. Rijp gedurende 2 uur.

Maakt 1 gallon

CONCLUSIE

De ijsjes die u uit dit boek gaat maken, zijn net zo lekker als de ijsjes die wij in onze professionele keukens maken: volkomen romig en schepbaar, met laagjes smaak.

Ik hoop dat u zich in dit boek zult verdiepen en het tot uw eigen boek zult maken. Maak en eet deze recepten keer op keer en wees positief verrast met de resultaten. Druppel, motregen en markeer de pagina's naar wens!

www.ingramcontent.com/pod-product-compliance
Lightning Source LLC
Chambersburg PA
CBHW050018130526
44590CB00042B/686